Z.221
E14

23945

BIBLIOTHEQUE
UNIVERSELLE
Première Classe :
VOYAGES.

Il paroît tous les mois deux Volumes de cette Bibliothèque. On les délivre soit brochés, soit reliés en veau fauve ou écaillé, & dorés sur tranche, ainsi qu'avec ou sans le nom de chaque Souscripteur imprimé au frontispice de chaque volume.

La souscription pour les 24 vol. reliés est de 72 liv., & de 54 liv. pour les volumes brochés.

Les Souscripteurs de Province, auxquels on ne peut les envoyer par la poste que brochés, payeront de plus 7 liv. 4 s. à cause des frais de poste.

Il faut s'adresser à M. CUCHET, Libraire, rue & hôtel Serpente, à Paris.

BIBLIOTHEQUE

UNIVERSELLE

DES DAMES.

VOYAGES.

TOME QUATORZIÈME.

A PARIS,

Rue et Hôtel Serpente.

*Avec Approbation & Privilége
du Roi.*

1789.

BIBLIOTHEQUE
UNIVERSELLE
DES DAMES.
VOYAGES.
LETTRE CXC.

D'Ispahan.

QUEL changement, Madame, pour un voyageur qui après avoir parcouru la Sibérie, c'est-à-dire l'un des pays les plus rigoureux & les plus sauvages de la nature, se trouve transporté sous le ciel les plus beau de l'univers, dans un royaume fertile & opulent, & qui, quoique déchu de son ancien éclat, offre encore, jufque dans fes ruines, le fpectacle de la grandeur & de la magnificence.

Vous avez lu avec admiration dans l'hiftoire ancienne quel étoit autrefois ce vafte empire des Perfes dont Cyrus fut le fondateur. Sa gloire & fa puiffance font maintenant obfcurcies; les Perfans, jadis fi célèbres, ne font plus que des efclaves façonnés au joug du defpotifme. Divers conquérans ont terni la fplendeur & diminué l'étendue de cette grande monarchie; cependant la Perfe dans fon état actuel eft encore une des régions les plus confidérables de l'Afie. Elle eft fituée entre les quatre-vingt-fixième & cent onzième degrés de longitude, & les vingt-cinquième & quarante-cinquième de latitude septentrionale; de sorte que dans sa plus grande étendue elle peut avoir cinq cens lieues d'occident en orient & trois cens soixante & dix du sud au nord. Ses bornes sont au septentrion, la mer Caspienne & la grande Tartarie; à l'Orient, l'Indostan ou Empire du Mogol; au midi, l'Océan oriental ou Indien, & le golfe de Bassora qui la sépare de l'Arabie; au couchant, la Turquie Asiatique & la Géorgie.

L'air de la Perse est fort sain, quoique chaud dans les provinces méridionales. La terre y produit toutes sortes de grains excepté le seigle & l'avoine qu'on n'y sème point. Elle rapporte aussi beaucoup de riz, de fruits, de coton & de soie, & enfin elle nourrit quantité de chameaux, de chevaux & de gibier. Le pays est médiocrement peuplé, rempli de montagnes & de déserts sablonneux ; on n'y trouve ni forêts ni rivières navigables.

Les géographes ne sont pas d'accord touchant le nombre des provinces de Perse. Ceux qui la divisent en quinze me paroissent les mieux fondés. Voici les noms de ces quinze provinces.

 L'Erack-Atzem, ou l'Irac-Agemi.

Le Chusistan.

Le Farſiſtan.
Le Kerman.
Le Mekran.
Le Sigiſtan.
Le Sableſtan.
Le Candahar.
Le Choraſan ou Koraſſan.
Le Kilan.
Le Mazanderan.
L'Aderbijan.
Le Schirvan.
L'Iran ou Karaback, ou plutôt l'Arménie Perſanne.
Enfin le Carduel.

L'Erack-Atzem eſt la plus grande province de ce royaume. Sa longueur eſt de deux cens lieues & ſa largeur de cent cinquante. Elle eſt toute du domaine du roi & n'a point de gouverneur comme les autres provinces. L'air y est sec & sain ; la terre en général peu fertile, faute d'eau, & les montagnes qui y sont en grand nombre, sont toutes hérissées de chardons. La capitale de cette province est Ispahan qui l'est aussi de tout le royaume, le Sophi y fait sa résidence. On distingue aussi dans l'Erack-Atzem plusieurs villes commerçantes & bien bâties; telles sont Casbin ou Caswin, ville grande & peuplée & qui produit dans son voisinage le plus excellent raisin de Perse. On en transporte de sec par tout le royaume, & on en fait aussi du vin délicieux, mais le plus violent qu'il y ait au monde ; Caschan, grande ville ornée de beaux fauxbourgs, & très opulente par le commerce confidérable qu'elle fait d'étoffes de foie & de coton; Kom, ville étendue, mais mal peuplée, aux environs de laquelle on recueille beaucoup de riz, des fruits excellens, & fur-tout des grenades très-eftimées. Enfin l'on remarque dans cette province Yefd, où l'on fabrique les plus beaux tapis de Perfe, & où l'on voit les plus belles femmes du royaume. Toutes ces villes font inférieures à Ifpahan, foit par la population, foit par le commerce, foit enfin par la magnificence des édifices.

Je répondrai fans doute à votre impatience en vous faifant une description particulière de cette ville qui passe pour la plus grande & la plus belle de tout l'Orient. Ispahan, si l'on y comprend ses fauxbourgs, a plus de dix lieues de circuit.

Cette vaste cité, embellie par quantité de jardins & de places publiques dont la principale appelée Meidan, est la plus belle de toute la Perse, & n'a point de semblable en Europe, possède en outre l'avantage précieux dans cette contrée, d'être traversée par une rivière qui fournit de l'eau à la plupart des maisons. On a construit trois beaux ponts sur ce fleuve, nommé Zenderoud, dont l'un répond au milieu de la ville, &

les deux autres aux deux extrêmités, à droite & à gauche. Cette ville renferme six cens mille habitans. Le nombre de ses édifices est prodigieux; on en compte près de trente mille dans l'enceinte de la ville & huit mille sept cens audehors, en y comprenant les palais les mosquées, les bains, les bazars, les caravanserais & les boutiques. Le mot bazar signifie marché. Les marchés Persans sont des rues couvertes qui traversent la ville d'un bout à l'autre en divers endroits & ne contiennent que des boutiques spacieuses & bien fournies, séparées des maisons où l'on demeure. On trouve toujours tant de foule dans ces bazars que les gens qui vont à cheval font obligés de faire marcher devant eux des valets de pied pour fendre la preſſe.

La ville d'Iſpahan eſt diviſée en deux quartiers dont l'un regarde l'orient & l'autre l'occident. La tradition du pays donne une origine ſinguliere à cette diviſion. Ces deux quartiers étoient avant la fondation de la ville, deux villages ennemis ſitués vis-à-vis l'un de l'autre, dont l'un tenoit pour la ſecte des Sunnis, qui ſont les Turcs, & l'autre pour celle des Perſans. On ajoute que ces deux villages s'étant joints à force de s'étendre, & étant devenus enfin la ville d'Iſpahan, ils conſervèrent leur haine réciproque & ſi invétérée qu'on en voit encore aujourd'hui des traces, mais qui ne subsistent plus guère que chez le menu peuple. Ce n'est plus que parmi les habitans de cette classe qu'il se livre quelques combats, qui jadis étoient généraux entre les deux quartiers, & même dans tout le royaume. Les deux princes qui divisèrent autrefois le peuple Persan, ont donné leurs noms aux deux moitiés de la ville d'Ispahan. La moitié orientale est appelée *Neamet-Olahi* du nom d'un de ces princes ; *Heideri* est le nom du quartier occidental. Il faut remarquer que presque toutes les villes de Perse sont ainsi divisées.

La beauté d'Ispahan consiste particulièrement dans un grand nombre de palais magnifiques, de maisons gaies & riantes, de caravanserais spacieux, de fort beaux bazars, de canaux & de rues dont les côtés sont couverts de fort grands arbres. Mais la construction de cette ville est irrégulière. De quelque côté qu'on la regarde, elle paroît comme un bois où l'on ne peut que discerner quelques dômes avec des tourelles fort hautes qui y sont attachées & qui servent de clochers aux Mahométans. On y voit des sectateurs de toutes les religions, Chrétiens, Juifs, Mahométans, Gentils, adorateurs du feu, & des négocians de toutes les parties de la terre. C'est aussi la plus docte ville de tout l'Orient, & d'où la science se répand particulièrement dans les Indes. Elle renferme dans l'enceinte de ses murailles cent soixante-deux mosquées, quarante-huit collèges, dixhuit cens caravanserais & deux cens soixante-treize bains.

Les caravanserais sont de grands édifices quarrés pour la plupart, & élevés à vingt pieds de terre. Les chambres en sont construites comme les dortoirs de moines. Elles sont voûtées & n'ont guèie plus de huit pieds en quarré. Elles sont toutes sans fenêtre & le jour n'y entre que par la porte. Chaque chambre a un petit vestibule de même largeur, où se trouve une cheminée dont la couverture est en dôme. Outre ce double logement il règne un corridor tout du long des chambres. Derrière les chambres sont les écuries bâties tout à l'entour de l'édifice comme des allées. Les entrées de ces bâtimens sont des portiques où l'on vend toutes sortes de denrées. Les caravanserais sont de deux sortes ; les uns servent d'hospice aux voyageurs, & on y loge sans payer. Les autres sont distinés aux marchands ; ceux-ci sont plus beaux & plus commodes. Les négocians qui les occupent en payent le loyer qui n'est pas ordinairement considérable. Mais on y paie le droit d'entrée par balle de marchandise,

& celles qui s'y vendent font auſſi
foumiſes à une taxe particulière.
Ces caravanſerais appartiennent
les uns au domaine, les autres aux
particuliers, & il faut obſerver que
chaque caravanſerai eſt particulièrement affecté à certaine nation
& à certaine marchandiſe. Ainſi
lorſqu'on veut ſavoir des nouvelles
d'un Indien, d'un Chinois, d'un
Européen, on s'adreſſe aux caravanſerais où les caravannes de ces
lieux viennent loger ; on ſe ſert
d'une méthode ſemblable lorſque
l'on veut acheter des marchan-
diſes.

La moſquée royale d'Iſpahan eſt
un des édifices les plus remarquables de cette ville. Les ornemens

du portail sont merveilleux & d'une architecture inconnue des Européens. Ce sont des niches de mille figures différentes, où l'or & l'azur éclatent avec profusion; ce portail est orné d'une gallerie dont les linteaux sont de jaspe. La porte de douze pieds de large est fermée de deux battans revêtus de lames d'argent massif. L'intérieur de cet édifice n'est pas moins magnifique. Le jaspe & le porphyre en sont les moindres ornemens. L'or, l'argent & les pierreries y brillent de toute part. C'est dans cette mosquée que l'on garde l'alcoran, écrit de la main d'Imam Reza; & la chemise d'Imam Hassein, relique précieuse qu'on ne tire que lorsque le royaume est en danger. Cette sainte relique devient alors si salutaire aux Persans que sa seule exposition suffit pour mettre leurs ennemis en deroute. Le dôme de cette mosquée est un des beaux morceaux de l'architecture Persanne. On le découvre de quatre lieues. La mosquée royale est un monument de la magnificence & de la piété d'Abas-le-Grand ; on l'appelle aussi mosquée de la convocation d'Abas , pour désigner que ce prince l'avoit destinée à être la mosquée cathédrale.

Le palais royal d'Ispahan est un des édifices les plus remarquables de cette ville, tant par sa grandeur que par sa magnificence intérieure.

Ce palais a une lieue & demie de tour. Le portail est de porphyre & fort exhaussé. Le seuil est de la même matière, & est révéré par tous les Persans. Ceux qui entrent dans le palais ont grand soin d'enjamber par-dessus. Toute la porte même est sacrée. Les courtisans & ceux qui obtiennent des graces du roi vont la baiser avec respect. Le roi n'y passe jamais à cheval. A cinq ou six pas du portail sont deux grandes sales en l'une desquelles le président du Divan administre la justice. Le grand maître-d'hôtel, qu'on appelle en Perse chef des maîtres de la porte, tient son bureau public dans l'autre. A côté de ces sales on en trouve deux plus petites qui font les fales des gardes. Ce portail eft un azile facré & inviolable dont l'ordre feul du fouverain peut expulfer ceux qui s'y réfugient. Encore les ordres du prince ne font-ils pas directs ; lorsqu'il veut bannir un malfaiteur de cette retraite, il défend de porter à manger au fugitif. Une chofe qui vous furprendra fans doute chez ce peuple fuperftitieux, c'eft que les mofquées ne fervent point d'aziles, tandis que cette porte impériale, les cuifines & les écuries du Roi jouiffent de cette prérogative.

Le falon de l'écurie eft conftruit au milieu d'un jardin dont les allées font couvertes de platanes des plus hauts & des plus gros qu'on puisse voir. Dans chaque côté de l'allée du milieu qui fait face au sallon, sont neuf mangeoires de chevaux, auxquelles dans les jours de solemnité on attache avec des chaînes d'or autant de chevaux des plus beaux de l'écurie du Roi, couverts & harnachés de pierreries. On met auprès d'eux tous les ustensiles d'écurie qui sont aussi d'or fin, jusqu'aux clous & aux marteaux. C'est par cette allée que l'on fait passer les ambassadeurs qui sont admis à l'audience du monarque Persan.

Dans l'intérieur du palais on trouve de tous côtés de grands corps de logis, qui sont des magasins du Roi, appellés maisons d'ouvrage, parce qu'on y travaille pour le Roi & pour sa maison. La salle de la bibliothèque est petite & mal ordonnée, mais la symétrie & la profusion règnent dans le sallon du vin. Je me suis rappelé en voyant l'ordonnance de ces deux bâtimens quelques-unes de nos abbayes.

Le pavillon où se voit le sallon du trône est le corps de logis le plus somptueux du palais royal. Le plafond de ce sallon est soutenu sur dix-huit colonnes de trente pieds de haut, tournées & dorées. Les murs sont revêtus d'un marbre blanc peint & doré jusqu'à moitié de la hauteur; le reste est couvert de chaſſis de criſtal de toutes couleurs. Trois baſſins de marbre blanc élevés l'un ſur l'autre ornent le milieu de ce ſallon. Les lambris en ſont couverts de figures Moreſques d'or & d'azur. On y remarque auſſi quatre grands tableaux dont l'un repréſente une bataille d'Abas-le-Grand contre les Usbeks. Ces quatre tableaux ſont placés au-deſſus de quatre cheminées conſtruites à droite & à gauche de ce ſallon. Des rideaux de fin coutil doublés de brocard d'or à fleurs, forment une eſpèce de tente dans ce ſuperbe appartement & en entretiennent la fraîcheur. Le trône du roi eſt une eſpèce de lit de repos garni de quatre gros couſſins brodés de perles & de pierreries. Plufieurs autres appartemens offrent le même luxe & le même éclat. Chacun de ces appartemens eft conftruit au milieu d'un jardin. Les murs de ces jardins font couverts de haut en bas de petites lampes incruftées, & furmontés d'un corridor dont le Roi feul a l'ufage & par lequel il va par-tout fans être apperçu.

Je voudrois vous faire auffi la defcription du ferrail d'Ifpahan & des beautés qu'il renferme, mais il ne m'a point été poffible de pénétrer dans ce temple confacré aux plaifirs ou plutôt à la vanité tyrannique d'un feul homme. Tout ce que je puis vous en rapporter, c'eft que les murs en font fi élevés qu'il n'y a aucun monastère en Europe qui en ait de semblables.

Ce palais magnifique n'est pas le seul que possède le Roi de Perse à Ispahan. On compte plus de cent maisons royales dans cette ville. Elles sont destinées à recevoir les ambassadeurs ou les étrangers de distinction, qu'on appelle en Perse hôtes du roi.

Les seigneurs, les principaux officiers & les gens opulens imitent la magnificence du souverain dans leurs édifices. Les Hollandois ont élevé à Ispahan une compagnie & un superbe palais. Le père Joseph, ce fameux coadjuteur de Richelieu, y a établi un couvent de capucins.

LETTRE

LETTRE CXCI.

D'Ispahan.

Avant de vous faire connoître, Madame, la religion, le gouvernement, les mœurs & les sciences des Perfans, je vais vous faire une defcription rapide des principales villes de la Perfe.

Tauris, capitale de la province d'Aderbijan, eft la feconde ville de Perfe, tant par fa grandeur, fa beauté & fa richeffe, que par fon commerce & le nombre de fes habitans. Elle eft fituée au pied d'une montagne & à quarante lieues de la mer Cafpienne. Un ruiffeau appelé Spintcha paffe au travers,

& il en coule un autre près de la ville, que l'on nomme Agi, c'est-à-dire salé, parce que des torrens qui s'y jettent après avoir passé sur des terres couvertes de sel en rendent l'eau salée pendant six mois de l'année. Tauris est sans fortifications & même sans murailles ; les palais & les maisons n'y sont pas magnifiques comme à Ispahan, mais les bazars y sont plus beaux qu'en aucun lieu de l'Asie. Le plus grand de ces bazars & où se vendent les pierreries & les marchandises les plus précieuses, a été bâti par le Roi Hassen qui faisoit sa résidence à Tauris. On compte dans cette ville trois cens caravanserais & deux cens cinquante mosquées.

Sa grande place eſt la plus vaſte qui ſoit au monde, & les Turcs y ont rangé pluſieurs fois plus de trente mille hommes en bataille. Tauris a été le théâtre d'une guerre longue & ſanglante entre les Perſes & les Turcs. Elle a été ſouvent priſe & repriſe par les deux partis, & elle eſt enfin reſtée en poſſeſſion aux Perſes depuis l'an 1603, où Cha-Abas la reprit ſur les Turcs. Elle eſt remplie de manufactures, d'étoffes de coton, d'or & de ſoie, & l'on y fabrique les plus beaux turbans de Perſe. Son commerce s'étend non-ſeulement dans tout le royaume, mais auſſi dans la Turquie, la Géorgie, la Moſcovie, la Tartarie, aux Indes & ſur la mer Noire. La population de cette ville monte à cinq cens cinquante mille ames, en y comprenant les étrangers qui y sont en grand nombre. Tauris passe communément, quoiqu'avec peu de certitude, pour être l'ancienne Ecbatane où les Rois de Médie faisoient leur séjour; mais on ne voit dans cette ville aucun monument qui atteste son antiquité, ni aucuns vestiges du superbe palais d'Ecbatane, où les Souverains de l'Asie passoient la moitié de l'année.

On distingue aussi dans cette province Ardevil, grande & bonne ville, où l'on voit plusieurs tombeaux des Rois de Perse; Marant ou Amarant située dans une plaine aussi agréable que fertile ; Derbent place forte, défendue par un port situé sur la mer Caspienne, est une des villes principales de la province de Schirvan ; elle est aussi le grand passage de la Perse dans la Circassie & la Moscovie.

La province de Fars ou Farsistan, que l'on nomme encore vraie Perse, contient peu de villes remarquables. Schira, près des ruines de l'ancienne Persépolis, en est la capitale. On vante avec raison sa situation & sa fertilité, & c'est avec autant de justice que ses vins sont renommés. Cette ville est ornée de vingt jardins publics dont les arbres sont si grands que la plus longue arquebuse ne sauroit atteindre à leur cime, & si gros que trois hommes ne les peuvent embrasser. On voit à un quart de lieue de Chiras le tombeau de Cheic-Sady, un des plus célèbres auteurs des Persans en prose & en poésie. Ce tombeau n'est pas fastueux, mais il est révéré par les habitans, & les ouvrages de celui auquel il est consacré sont lus & admirés dans toute la Perse.

Chiras s'élève près des ruines de l'ancienne Persépolis ; c'est-là que le voyageur étonné contemple les débris de cette ville merveilleuse qui fut long-tems la première de l'Orient & le siège des monarques de Perse, de cette ville qui faisoit remonter son origine à la création de l'univers, & qui le difputoit à Babylone en luxe & en magnificence. Alexandre-le-Grand la livra aux flammes dans une partie de débauche. Ses ruines accufent encore la barbarie de ce conquérant. Elles paroiffent de loin comme un vafte amphithéâtre, & lorfqu'on confidère de près ces monumens prodigieux par leur ftructure & par leurs richeffes, on eft tenté de douter fi la main des hommes a pu élever d'auffi fuperbes édifices. On admire fur-tout les reftes précieux d'une architecture immenfe que plufieurs hiftoriens ont pris pour le palais de Darius, le même où fon vainqueur dans les accès de l'ivreffe, commença l'incendie de Persépolis. Cependant le plus grand nombre des auteurs, fondés sur les tombeaux que l'on rencontre dans ces ruines, prétendent que ce monument offre plutôt le plan d'un temple magnifique, dont plusieurs Rois fameux passent pour fondateurs. Salomon, le Grand-Cosroes & Assuérus partagent cet honneur; mais l'opinion la plus vraisemblable & la plus commune est celle qui rapporte la fondation de ce temple à Jemked quatrième Roi de Perse; d'où il s'ensuivroit que Persepolis & son temple auroient été fondés à l'époque de la descente de Jacob en Egypte, quatre cens cinquante ans avant Moyse.

L'Arménie Perfanne a pour capitale Erivan, ville affez grande, mais fale & fans aucun beau bâtiment que celui du Gouverneur qui eft dans la forterefle. Cette ville n'eft remarquable d'ailleurs que par fes jardins & par fes vignes. On voit dans la même province les ruines de Nakfivan. Les Arméniens prétendent que cette ville eft la plus ancienne du monde, & qu'elle fut habitée par Noé, après fa defcente de la montagne d'Ararat, où l'arche miraculeufe s'étoit arrêtée.

C'eft dans la Mingrelie, autrefois la Colchide, qu'eft fitué le Carduel, que l'on compte au nombre des provinces de Perfe. Il appartient au Sophi qui y nomme un prince du pays pour Vice-Roi ; ce Vice-Roi doit faire profession de la religion Mahométane. Le Carduel est le meilleur pays de la Mingrelie. Le vin y est excellent, & on en transporte beaucoup à Ispahan. Les femmes y sont d'une rare beauté, mais elles sont vicieuses & effrontées. Teflis, située sur le Kur, au pied du Mont-Caucase, est la capitale de tout le Carduel & l'une des résidences du Sophi. Cette ville est une des plus belles de Perse, quoiqu'elle ne soit que médiocrement grande. Elle est riche & peuplée, & défendue par une bonne forteresse & par de fortes murailles. Les Arméniens ont plusieurs églises à Téflis, tandis que les Persans qui en sont les maîtres n'y ont pas une mosquée. C'est peut-être le seul endroit de la Perse où la liberté ait conservé un azile

Candahar, capitale de la province du même nom, est une ville assez marchande, & la plus forte du royaume. Elle a aussi l'avantage d'être le grand passage de l'Inde en Perse.

La plus belle des fleurs a donné son nom à la capitale du Chorasan, elle se nomme Sargultzar, c'est-à-dire ville de rose, parce que cette fleur y est très-brillante & très-commune ; mais Sargultzar est inférieure en grandeur & en beauté à Mexat, autre ville du Chorafan, qui poſsède le tombeau magnifique du prophete Iman-Riza, que les Turcs auſſi bien que les Perſes vont viſiter par dévotion.

Pour achever la deſcription des villes les plus remarquables de la Perſe, il me reſte à vous parler de Bander-Abaſſi ville ſituée dans la province de Kerman. On la nommoit autrefois Gomrom ou Gomru, mais depuis qu'Abas-le-Grand y a tranſporté tout le commerce de l'île d'Ormus, après en avoir chaſſé les Portugais, elle a pris le nom de Bander-Abaſſi, qui ſignifie port d'Abas. Cependant cette ville ne poſsède point proprement de port, mais une rade la plus ſûre de l'univers.

nivers. Cette rade est aujourd'hui le principal abord de la mer Persique ; & Bender-Abassi, sans le mauvais air qui y règne, seroit sûrement un des plus célèbres entrepôts de toutes les nations commerçantes, à raison de sa situation.

Bender-Abassi jouit d'une funeste exception entre toutes les villes de Perse. Son air est mal sain & mortel aux étrangers, sur-tout pendant six mois de l'année, c'est-à-dire, depuis le mois de mai jusqu'au mois d'octobre. Plusieurs causes concourent à cette espèce de contagion. Elle provient, ou de ce que les montagnes dont cette ville est environnée empêchent l'air de la rafraîchir, ou des exhalaisons de sel & de soufre dont les îles voisines sont couvertes, ou des vapeurs infectes que répand la mer durant les chaleurs, ou bien enfin de la nature du climat qui est chaud & humide au dernier degré. Les naturels du pays portent sur leur teint & dans leur constitution les signes de cet air malin. Ils sont jaunes à vingt ans & débiles à trente. A l'approche du mois de mai, les étrangers & les riches habitans se retirent dans les montagnes, & vont chercher un air meilleur & une chaleur plus modérée, de façon qu'il ne se fait point d'affaires à Bender pendant la moitié de l'année.

Telles sont à-peu-près les villes les plus considérables de la Perse. Ce royaume si étendu en possède un grand nombre d'autres, mais qui sont moins florissantes & moins peuplées. Le défaut de population se fait sentir dans tout le royaume. On ne compte pas dans cet empire la vingtième partie des habitans qu'il pourroit contenir. Sa richesse ne répond pas davantage à sa grande étendue. Les voyageurs y sont étrangement surpris lorsqu'ils y apportent les idées que leur ont donné les anciens sur le luxe, la molesse & les trésors des Perses. Tout atteste cependant que la Perse a été un des pays les plus somptueux & les plus opulens de l'univers, & l'on peut attribuer sa décadence à deux causes principales, je veux dire à la différence du gouvernement & au changement de religion. Le gouvernement des anciens Perses a long-tems posé sur les bases naturelles de la justice & de l'humanité. Le droit de la propriété y étoit sûr & sacré. Aujourd'hui le gouvernement y est despotique & arbitraire, & l'on sait assez que le despotisme est le plus grand fléau de la population. D'un autre côté l'ancienne religion du pays, le Sabéisme, leur prescrivoit l'agriculture ; elle attachoit même des récompenses à cet art utile & honorable, au lieu que la philosophie des Mahométans leur fait regarder le travail comme un soin ridicule & inutile, & la terre comme un grand chemin par où ils auront bientôt passé.

C'est donc en partie à l'introduction du Mahométisme qu'il faut imputer la sécheresse & la stérilité actuelle de la Perse. On est convaincu de cette vérité lorsqu'on observe que les adorateurs du feu dispersés dans ce vaste royaume y ont conservé les mœurs & les usages des anciens Persans, & qu'ils sont tous adonnés à l'agriculture ou au travail. Cependant le culte de Zoroastre a été anéanti. L'alcoran a prévalu, & c'est la religion Mahométane qui domine aujourd'hui dans toute la Perse.

LETTRE CXCII.

D'Ispahan.

C'est du sein de l'Asie, Madame, que sortirent les plus grands législateurs de l'univers. Elle a produit Zoroastre, Confucius & Mahomet. Avant de vous parler du prophète des Musulmans, jettons un peu les yeux sur Zoroastre dont la Perse se vante encore d'avoir été le berceau. Tous les écrivains orientaux donnent à ce célèbre législateur des parens pauvres & une origine obscure : mais le moment de sa naissance, si l'on en croit ſes ſectateurs, fut précédé par des ſonges myſtérieux & accompagné de prodiges multipliés. L'unanimité des mêmes hiſtoriens place l'époque de ſon exiſtence ſous le règne de Darius, fils d'Hyſtaſpe, prince aſſez courageux & père de ce Xercès ſi fameux par ſon orgueil & par ſes défaites.

Zoroaſtre fut pendant ſa jeuneſſe eſclave d'un prophète d'Iſrael, & ce fut pendant ſa ſervitude qu'il s'inſtruiſit des loix, de la doctrine & des uſages religieux que Moïſe avoit donnés aux Iſraélites. On a même prétendu qu'inſtruit parfaitement de l'hiſtoire des Hébreux, de leur culte & des promeſſes qui leur avoient été faites, que Dieu susciteroit parmi eux un homme auquel ils devroient, ainsi qu'à Moïse, donner leur foi & soumettre leur conduite, il s'annonça pour être cet envoyé & voulut s'approprier l'hommage de cette prophétie. Mais soit que cette imposture n'ait pu trouver de créance chez les Israélites, soit que ses sentimens fussent souvent contraires à ceux de son maître, il s'éloigna des rives du Jourdain, vint chercher dans son pays un sort plus libre & plus tranquille & prépara dans la retraite le système qui changea la face de sa patrie. Le monarque adopta sa nouvelle doctrine & la fit adopter par son peuple; & ce qu'il y a d'étonnant, c'est qu'un petit nombre d'années suffit à cet illustre sectaire pour opérer une si grande révolution dans le culte & dans la morale.

La vie de Zoroastre fut longue, si l'on en juge par la formule que ses sectateurs ont conservée dans la célébration de leurs mariages ; *vivez aussi long-tems que Zoroastre,* dit le prêtre aux deux époux ; cependant sa carrière ne fut pas extraordinaire, il mourut à 77 ans.

Les écrivains de tous les siècles & de tous les pays célèbrent à l'envi le législateur de la Perse. Les Grecs qui méprisoient toutes les nations étrangères, lui ont prodigué l'admiration ; Platon n'en parle

C v

qu'avec éloge. Les Orientaux lui donnent les noms les plus honorables, & les Mahométans eux-mêmes ne lui contestent pas le surnom d'*hakim*, qui signifie le sage, le savant, le philosophe. Je ne vous parlerai point des dogmes de Zoroastre, du bon & du mauvais principe, du dieu Ormusd & d'Ahriman son adversaire, mais la vénération que ce législateur commande pour les élémens & sur-tout pour le feu, mérite une mention particulière.

A la naissance de Zoroastre, la Perse étoit livrée au Sabéisme. Les astres y étoient adorés, mais ils n'avoient point de temples ni d'autels. La Perse n'en éleva que depuis l'instant où elle joignit le culte des élémens à celui des astres, & dressa des pyrées où l'on gardoit le feu sacré Zoroastre épura le culte des Mages, & en enseignant un principe universel, il fit envisager le feu comme la véritable image de l'Etre-Suprême.

Le feu, suivant Zoroastre, est l'enfant d'Ormusd, & le principe universel du mouvement & de la vie. C'est par lui que tout respire : la terre lui doit sa fécondité, l'animal son existence, l'arbre sa végétation. Il anime les êtres, il forme leurs rapports & son action n'est pas moins ancienne que le monde. Aussi Zoroastre fit-il dresser des autels à cet élément, qu'il représenta par un feu visible & matériel. L'entretien de ces autels étoit soumis à un grand nombre de cérémonies. C'étoit là que ses disciples faisoient leurs prières; les prêtres y mettoient cinq fois par jour du bois & des parfums. Ils veilloient nuit & jour, de peur que ce feu sacré ne s'éteignît. Enfin les Rois de Perse & leurs sujets les plus opulens, alimentoient aussi ce feu sacré avec des perles, des essences & des aromates.

Les autres élémens ne sont pas moins honorés dans la religion de Zoroastre. C'est par cette raison que ses sectateurs, pour ne pas souiller l'air par de mauvaises odeurs, & pour conserver la terre dans sa pureté, n'enterrent pas leurs morts, mais les laissent à dévorer aux oiseaux & aux bêtes féroces; c'est par le même respect qu'ils tuent pieusement les animaux qui, selon eux, infectent l'eau, comme les tortues & les grenouilles.

Je ne passerai point sous silence le dogme le plus bisarre en apparence de tous ceux de la religion de Zoroastre, c'est celui de la création d'un premier taureau dont les animaux, les végétaux & le genre humain sont sortis. Sans doute que ce novateur intelligent a voulu, en inspirant du respect pour l'animal qui féconde la terre par ses travaux, honorer l'agriculture & les soins que cet art exige. Je vous observerai cependant que moins superstitieux que les Indiens & les Brames, Zoroastre prohiba expressément que l'on rendît aucun culte à cette divinité.

La magie entroit aussi dans la doctrine de Zoroastre, & ce fut à cette science qu'il dut une grande partie de la vénération que les Grecs lui accordèrent. Mais ce mot, qui nous présente aujourd'hui une idée absurde & ridicule, n'exprimoit anciennement que la science des hommes dévoués par état à la connoissance & au culte de la divinité. Les Mages étoient à la fois les savans, les prêtres & les philosophes de la nation. Le Souverain les consultoit dans les occasions importantes; dès que l'héritier du trône sortoit de l'enfance, son éducation étoit remise entre leurs mains. Quatre sages choisis l'instruisoient de la magie, & il ne pouvoit exercer la royauté sans avoir étudié sous eux le culte dû à la divinité, & l'art de gouverner l'Empire.

Avant la révolution opérée par Zoroastre, on distinguoit trois degrés dans la hiérarchie des Perses. Le prêtre appelée Mogh ou Mugh, c'est-à-dire Mage; le Mubad, espèce de prélat placé à la tête des Mages d'une province, qui seul avoit le droit de conférer le sacerdoce, & de choisir ceux qui méritoient cette dignité; enfin le Mubab-Mubudan chef du culte & de la religion & surnommé par excellence le sage des sages. Cette division fut conservée par Zoroastre. Les Herbeds furent les simples ministres ; les Mobeds, placés au-dessus d'eux, exercèrent la prélature, & les uns & les autres reconnurent un suprême pontife.

Ce pontificat ne devoit être accordé qu'à la science & à la vertu. Le législateur voulut que celui sur qui devoit tomber ce choix glorieux, fut à la fois le prêtre qui connut mieux la loi, & qui se fut le plus distingué par ses bonnes œuvres. C'est par plusieurs loix semblables que Zoroastre s'est fait un nom immortel, & si, comme tous les fondateurs de religion il a eu recours au merveilleux pour imposer à la crédulité des peuples ; il faut lui pardonner ces impostures en faveur de l'humanité & de la saine philosophie qui furent la base de tous ses principes.

Mariez-vous & labourez la terre, tels sont les deux grands préceptes du Zend-Avesta. Zoroastre rendit le mariage si respectable, que les Rois de Perse faisoient des présens chaque année à ceux de leurs sujets qui avoient le plus grand nombre d'enfans. Ce législateur n'admet point cependant la polygamie Il ne permet de prendre une seconde femme que dans le cas de stérilité, & du consentement de la première épouse ; & il n'autorise le divorce que lorsque l'adultère de la femme est évident; encore prescrit-il d'attendre un an, dans l'espoir que ce tems ne s'écoulera pas qu'elle n'ait reconnu sa faute & desiré de l'expier.

Zoroastre fixa aussi les obligations des enfans envers leurs pères & celles des pères envers leurs enfans; il prescrivit aux enfans une soumission absolue. Ce principe est puisé dans la loi naturelle; mais ce législateur ne s'en écarta-t-il pas, lorsqu'il prononça la peine de mort contre un enfant qui répondroit trois fois à son père ou à sa mère, ou qui manqueroit trois fois de leur obéir ? N'étoit-ce pas commander plutôt la crainte que le respect, étouffer l'amour filial dont les charmes consistent dans la confiance & l'intimité, enfin donner à un homme dépourvu des sentimens paternels le droit d'être barbare?

La surveillance des mœurs, cette partie de la législation plus connue des anciens que des modernes, n'a pas été négligée par le législateur de Perse. Il proscrit & punit ces vices honteux qui troublent plus souvent l'harmonie de la société que les grands crimes, & qui lui sont peut-être plus nuisibles. Mais plus il flétrit les vices, plus il honore les vertus. Ses préceptes à cet égard respirent la plus tendre humanité. Tel est celui par lequel

Zoroastre invite à secourir l'indigence. C'est même le premier mérite qu'il exige dans un prince. « Ce n'est qu'en surpassant les au-
» tres dans l'exercice d'une vertu
» si touchante, dit Ormusd par son
» prophète, qu'on est digne de
» gouverner les peuples ; il veut
» que l'humanité conduise au trône,
» & il n'établit Roi que celui qui
» soulage la misère & nourrit les
» malheureux ». Ces sentimens humains se développent encore dans les conseils qu'il donne aux princes au sujet de la guerre. C'est un crime de l'allumer, mais c'en est un plus grand encore que de ne point adoucir le malheur des batailles, & de faire éclater après le triomphe,

l'oppression, la rage, le meurtre, enfin toutes les fureurs dont les conquérans souillent ordinairement la victoire. Enfin trace-t-il aux souverains des moyens d'enchaîner l'amour & la vénération des peuple ? Il annonce que le meilleur des Rois est celui qui rend la campagne fertile, & qui protège & honore l'agriculture. Il lui prescrit sur-tout de punir le monopole des grains & de tous les objets dont la consommation est indispensable pour les besoins ordinaires de la vie ; car, ajoute-t-il, celui qui achète des grains & qui attend qu'ils soient chers pour les revendre avec plus de profit, se rend coupable de toute la détresse du peuple Zoroaftre dévoue la tête du coupable à la juftice fociale à la punition célefte.

Le génie de Zoroaftre n'éclat pas moins dans fa légiflation criminelle que dans fes loix civile & morales. Les fupplices font toujours dirigés vers l'utilité publique. Doter une jeune fille indigente, fournir des armes aux défenfeurs de la patrie, aux prêtres des ornemens, aux laboureurs des charrues & des taureaux vigoureux, telles font fes punitions ordinaires. Mais fi le fcélérat eft frappé de mort, fes héritiers ne font ni déshonorés, ni dépouillés des biens paternels. Zoroaftre fentit qu'il falloit refpecter l'infortune, & ne pas rendre

PERSE.

les enfans innocens responsables des crimes de leur père.

Telles furent pendant près de dix siècles la religion & les loix des Perses. Mahomet renversa le culte de Zoroastre. Ce malheur, si l'on en croit le petit nombre des sectateurs qui sont restés fidèles au législateur de la Perse, fut annoncé par les plus grands prodiges. Le feu sacré s'éteignit, & les tours du palais s'écroulèrent sous la terre tremblante. La Perse attaquée par les Musulmans tomba sous leurs coups & reconnut la religion du vainqueur. Les Mages virent leurs pyrées abattus & leur culte profané. Ce culte n'eut bientôt plus de partisans que parmi le peuple &

il fut opprimé. Une dénomination méprisante flétrit ses sectateurs. On les nomma Ghébz, mot Persan, qui veut dire infidèle.

Les Guèbres, que l'on appelle *Parsis* aux Indes, parce qu'ils sont effectivement les restes des anciens Perses, sont tous laboureurs ou ouvriers. Ils ont les mœurs douces & simples. Ils sont constamment attachés à leur culte; & une de leurs plus constantes traditions, c'est que la religion du Grand-Zoroastre reprendra le dessus, qu'elle redeviendra dominante en Perse & que l'empire leur sera rendu.

LETTRE

LETTRE CXCIII.

D'Ispahan.

La religion de Mahomet, cette religion à laquelle une partie de l'Europe & de l'Afrique & presque toute l'Asie sont asservies, est donc depuis l'époque de la destruction du culte de Zoroastre, la religion des Persans. Je compte visiter la patrie de l'apôtre de la Mecque, & c'est, Madame, dans la relation de ce pieux pélérinage que je me propose de vous présenter les observations que j'aurai recueillies sur la vie & les loix du prophète des Musulmans.

Le Mahométisme abonde en

sectes, mais les deux principales qui durent depuis plus de douze siècles & qui ont animé les deux partis d'un zèle ardent & cruel, font celles de Sunni & de Chia. Les Turcs suivent la première, la seconde est celle des Persans ; & voici l'origine de ce schisme invétéré.

Le jour que Mahomet mourut, Aly son gendre & Aboubekre beau-père du prophète, prétendirent chacun lui succéder. Leur différend partagea tous les croyans. Après avoir disputé long-tems de part & d'autre, on en vint aux mains. Le sort des armes fut favorable à Aboubekre, mais il ne jouit que deux ans & demi de son triomphe.

Aly se présenta de nouveau pour recueillir cette immense succession, & sans doute il étoit en droit d'y prétendre : cependant Omar un des principaux lieutenans de Mahomet s'en empara & la conserva jusqu'à sa mort. Osman, parent d'Omar, l'emporta encore sur les prétentions d'Aly qui fut très-malheureux sous ce règne, & qui sans doute auroit subi une mort tragique, sans la considération de sa femme qui étoit révérée, comme le sang du législateur. Enfin Osman étant venu à mourir, Aly se trouva sans compétiteur, les deux partis le reconnurent ; mais à sa mort les troubles recommencèrent, & Hossein son fils fut exclu de la succession par l'armée qui donna l'empire à un de ſes généraux, nommé Mahuvié. Cet évenement fut le ſujet d'une nouvelle guerre, mais qui ne fut pas conſidérable, à cauſe de la foibleſſe des ſucceſſeurs d'Aly. Ce ſont ces ſucceſſeurs que les Perſans nomment Imans.

Cependant à la mort de Mahomet ſon corps de doctrine n'avoit point encore reçu la dernière main. Les chapitres du Coran qui étoient deſcendus du ciel à la volonté de ce ſaint prophète étoient ſans ordre, & pluſieurs avoient beſoin d'être interprétés. On conſulta Aly & Aboubekre comme ayant été tous deux les plus intimes amis & les plus fidèles confidens du légiſlateur.

Mais comme ils étoient opposés sur le droit de la succession, ils ne pouvoient manquer de l'être sur l'explication de la nouvelle loi. En conséquence ils interprétèrent différemment les dogmes obscurs de l'islamisme, & leurs interprétations furent un des fondemens de la guerre. Ainsi le principal point de controverse qui partage les Turcs & les Persans, consiste en ce que les premiers regardent Aboubekre, Omar & Osman comme les successeurs légitimes de Mahomet, & leurs interprétations du Coran comme les seules qu'il faille suivre, tandis que les Persans au contraire traitent ces trois princes d'usurpateurs & rejettent leurs commentaires comme faux & hétérodoxes.

Tous les Mahométans croyent sept points d'inftitution divine. Ils rapportent que Mahomet qui, comme vous favez, étoit très-lié avec l'ange Gabriel, lui récita un jour fon fymbole, & que le fymbole fut très goûté de l'habitant célefte. En voici les fept articles : « Il n'y a
» point d'autre dieu que dieu ;
» Mahomet eft l'apôtre envoyé de
» dieu ; obferve les purifications
» corporelles ; prie dieu aux tems
» marqués ; donne l'aumône aux
» pauvres ; jeûne le mois de Rah-
» mafan tout entier ; fais le pélé-
» rinage de la Mecque, fi tu en
» as le moyen ». Les Perfans y ont

joint un article de foi en faveur d'Aly & de ses descendans.

Ces descendans issus jusqu'à la onzième génération de Fatmé, fille de Mahomet, forment avec Aly cousin & gendre du prophète les douze Imans que la Perse révère autant que Mahomet lui-même. Les Persans ne reconnoissent que ces douze princes pour vrais successeurs de l'apôtre de la Mecque. Les califes de Bagdad poursuivirent à outrance la race des Imans, & les réduisirent à abandonner l'Arabie. Ils se réfugièrent en Perse où la plus grande partie du peuple suivoit les dogmes d'Aly leur ayeul. Mais les Califes qui avoient juré leur ruine ne cessèrent de les persécuter jufqu'à ce qu'eux-mêmes euffent perdu l'empire & en euffent été dépouillés par les Tartares.

Il y a peu de provinces en Perfe où l'on ne voye quelques traces de la fuite des defcendans de ces Imans ; par-tout on leur a élevé des tombeaux ou confacré des Mofquées. Mais ce n'eft que depuis quatre cens ans que ces monumens font ériges, c'eft-à-dire, depuis que les Arabes fectateurs d'Aboubekre ont été expulfés de Perfe, & que la fecte d'Aly a repris le deffus. Les partifans de cette fecte ont fait une exacte recherche des places où il y avoit eu des fépulchres d'Imans, & ont rétabli des tombeaux & des temples en leur honneur.

Les Persans ne tariffent point sur les éloges des douze Imans. Ils leur attribuent une science surnaturelle, une sainteté parfaite & le don des miracles; ils ne reconnoissent même d'autre noblesse que celle qui tire son origine de leurs descendans Mais s'ils vénèrent ainsi la mémoire des Imans, rien n'approche du respect qu'ils portent au chef de cette sainte famille, qu'ils appellent vicaire de dieu. *Mahomet, s'écrient-ils, est une ville de science, Aly en est la porte. Je ne crois pas qu'Aly soit dieu*, dit un de leurs docteurs, *mais je ne le crois pas loin d'être dieu.* Les miracles qu'on lui attribue composent de gros volumes; enfin les peintres n'osant repréfenter fa figure, couvrent d'un voile ce vifage célefte.

S'il vous reftoit quelque doute fur la légation divine d'Aly, il me feroit aifé de confondre votre incrédulité en vous racontant l'inftallation de ce faint perfonnage, telle que je l'ai apprife de la bouche d'un vénérable Molla. Ce fut par un ordre de dieu, dont Gabriel fut le porteur, que Mahomet proclama publiquement Aly pour fon fucceffeur. L'époque de cet événement fe rapporte fuivant les théologiens Perfans au dernier voyage que fit à la Mecque le législateur de l'Arabie.

Mahomet & fon gendre fe rencontrèrent à moitié chemin de la

Mecque à Médine, dans un lieu nommé Kom-Kadir, & où les Mahométans de Perſe célèbrent une fête qui porte ce nom en mémoire de ce merveilleux événement. Là ces deux héros de l'univers (c'eſt le Molla qui parle) en préſence de leurs troupes fort nombreuſes, s'embraſſèrent étroitement, & Aly reçut dans cet embraſſement l'eſprit de prophétie & le don des miracles. Mahomet s'étant aſſis enſuite ſur un trône conſtruit d'oſſemens de chameaux & revêtu de tapis magnifiques, fit placer ſon gendre à côté de lui, le prit d'une main & de l'autre le montrant aux troupes raſſemblées, il leur dit : « Voici » votre Roi & le Roi de toute la

» terre, mon vicaire, le lieutenant
» de dieu, le vrai pontife & Iman
» qu'il a choisi pour me succéder,
» je lui résigne tout mon pouvoir
» & je le constitue mon héritier
» général & mon exécuteur testa-
» mentaire ».

La volonté de Mahomet, comme vous l'avez vu, ne fut pas fidèlement exécutée, mais les manes de ce grand homme sont bien dédommagés par la vénération extraordinaire de ses sectateurs & sur-tout par plus de quatre-vingts surnoms dont sa mémoire est honorée. Un de ces surnoms lui donne le titre de prince souverain des fidèles ; aussi le roi de Perse ne prend-il quelquefois que la qualité de lieutenant

tenant du Roi de la Perse. Cheik Sephi le premier monarque d'un nouvelle race royale sut profiter de l'entêtement des Persans pour la secte immanique; il savoit que les Persans ne se soumettroient volontiers qu'à un des descendans des Imans, & il se vanta d'en être issu & de venir de Hossein, fils d'Aly, en ligne masculine. Ses successeurs ont continué de se glorifier de leur origine, & le Roi de Perse met ordinairement à la fin de ses titres, «Roi » victorieux, vrai seigneur du mon- » de, prince très vaillant, descendu » de Cheik Sephi, de Mousa, de » Hossein».

Quoique les Persans composent

leur symbole de huit articles, cependant les docteurs pensent que pour être de la communion Mahométane, il suffit de croire en dieu, à Mahomet & à Aly; mais que pour être du nombre des vrais fidèles, on doit observer les autres cinq articles indiqués dans le symbole. Ainsi, il faut vous expliquer les autres préceptes fondamentaux de l'Islamisme. Attendez-vous, Madame, à les trouver dans ma lettre suivante. Vous verrez qu'il me seroit facile d'y insérer des comparaisons justes & piquantes, à la fois : mais j'aime mieux laisser à votre esprit le soin de faire ces curieux rapprochemens. Il me suffit de vous avoir mis sur la voie.

LETTRE CXCIV.

D'Ispahan.

JE ne saurois vous dire, Madame, à quel excès les Persans sont scrupuleux sur le point de la pureté légale. C'est à leurs yeux la plus importante partie de leur religion, & les bigots d'entr'eux s'imaginent que l'observance exacte de ce précepte cérémonial suffit pour rendre l'homme pur & sans tache. Vous voyez que les bigots ont par-tout la même physionomie. L'ablution légale est prescrite avant toutes les oraisons pieuses. Sans elle un bon Musulman ne peut vaquer à ses affaires civiles; & il commettroit un sacrilège s'il touchoit le Coran sans s'être purifié. Afin de prévenir ce malheur, on lit sur la couverture de ce livre, *n'y touche pas sans être pur.*

C'est pour pratiquer cette purification corporelle si nécessaire, que l'on prend soin dans toutes les maisons d'entretenir de l'eau courante dans de grands réservoirs. Les mosquées ont aussi des bassins de cinq à six pieds de profondeur destinés à ces ablutions. Les Persans ont l'avantage de posséder sur la purification un traité très-volumineux que l'on appelle *la somme* d'Abas, parce que ce fut par l'ordre de ce Roi qu'il fut composé. Le Molla, auteur de ce chef-d'œuvre, est surnommé l'ancien Mahomet, l'honneur de la loi, l'entaſſeur de montagnes.

L'exercice fréquent de la prière n'eſt pas moins recommandé par le prophète. Il en fixe l'obligation à cinq fois par jour, le matin, à midi, vers trois heures, quand le ſoir commence & après que la nuit eſt arrivée. Cependant les interprètes du coran ont allégé cette obligation en permettant de faire deux prières enſemble.

Il eſt avec le ciel des accommodemens; ce qui réduit le nombre des prières à trois. Les gloſateurs Perſans diſent même qu'on peut reculer ou avancer de quatre heures le tems fixe des prières. Pluſieurs incurvations précèdent & accompagnent la prière, & plusieurs fois aussi on se prosterne de manière que sept parties du corps touchent la terre; le front, les deux mains, les deux pieds & les deux genoux. Mais je n'insiste pas sur toutes ces cérémonies. La principale d'entr'elles est prescrite exactement dans le coran. « Tourne ton front vers le temple » de la Mecque. En quelque endroit » que tu te trouves, porte tes regards » vers ce sanctuaire auguste ». Les tems de ces prières sont annoncés par des crieurs d'office. Les mosquées paroissiales en entretiennent plusieurs.

Les prières journalières ne sont pas les seules que doive pratiquer un fidèle Musulman. Il est tenu d'en réciter pour la pluie, pour les besoins pressans de la terre, pour les voyages, pour le tems des éclipses, pour celui des comètes, des tremblemens de terre, des tempêtes & des autres phénomènes de la nature.

Vous avez vu avec quelle ardeur Zoroastre recommandoit la bienfaisance & l'humanité. L'apôtre de la Mecque a imité en partie le législateur des Perses. Il est peu de chapitres du coran dans lesquels Mahomet ne prêche l'aumône, dans lesquels il ne s'écrie : « donnez votre » superflu, donnez même ce que » vous avez de plus cher, mais que » ce soit par sentiment & non par

» orgueil ». Il fixe même la distribution des aumônes ; il veut qu'elles soient employées au soulagement des pauvres, à la rédemption des captifs, à secourir ceux qui sont chargés de dettes, les voyageurs & sur-tout les fidèles qui combattent pour la guerre sainte.

Les Persans exercent généralement la charité & l'hospitalité. Aussi les pauvres sont-ils très-communs en Perse. Le plus grand nombre d'entr'eux sont des derviches, espèce de moines, qui font vœu de nonchalance & de mendicité.

L'observance du jeûne est gardée par tous les Mahométans aussi exactement que la purification & la prière. Les docteurs de la Perse en prescrivent impérieusement la pratique. Ce précepte est sur-tout de rigueur pendant le Ramazan, qui est le carême des disciples de Mahomet. Le mois dans lequel il arrive, qui est le neuvième de l'année arabique, & pendant lequel les Musulmans assurent que le coran descendit du ciel, est consacré tout entier à l'abstinence. On n'en dispense les voyageurs & les malades qu'à condition qu'ils jeûneront un nombre égal de jours, quand ils auront fini leur route ou recouvré la santé.

Le jour qui termine le Ramazan est une des trois fêtes religieuses des Persans; car quoique leur calendrier soit surchargé de fêtes, ils n'en ont que trois dont l'observation soit commandée à la rigueur, & les théologiens Persans enseignent unanimement qu'on peut sans offenser la divinité travailler les autres jours de fête. La seconde est consacrée à la mémoire du sacrifice d'Abraham. Le martyre des fils d'Aly est le sujet de la troisième.

Indépendamment des fêtes instituées par la religion, les Persans en célèbrent une purement civile, qu'ils appellent *naurus-sultanie*, c'est-à dire le nouvel an royal ou impérial; afin de le distinguer du nouvel an de l'hégire, qui est le Beiram des Turcs. Cette fête, la plus solemnelle de la Perse avant l'établissement de la religion Mahométane dans ce royaume, se célébroit à l'époque du retour du printems. Durant les cinq premiers siècles de la révolution elle tomba en désuétude, mais enfin elle fut rétablie, & c'est aujourd'hui la grande fête des Persans. Plusieurs jours sont consacrés à cette solemnité. Elle est annoncée par des décharges d'artillerie & de mousqueterie dans les grandes villes & surtout dans la capitale. Mais comme cette fête n'a aucun rapport à la religion, je ne la décrirai point ici, afin de ne vous causer aucune distraction.

Le dernier précepte de la religion des Mahométans est le pélérinage de la Mecque. Mais les Persans qui, pour faire ce pélérinage se trouvent souvent dans le cas d'être rançonnés par des princes Arabes, ne sont pas de scrupuleux observateurs de ce dogme religieux. Ils disent même que les Imans, les premiers successeurs de Mahomet, ont déclaré que l'obligation du pélérinage n'étoit que pour ceux qui sont en parfaite santé, qui ont assez de bien pour payer leurs dettes, pour assurer la dot de leurs femmes, pour donner à leur famille la subsistance d'une année, enfin pour emporter cinq cens écus en deniers comptans sans faire tort à leurs affaires. Or comme il arrive assez souvent que ceux qui ne sont pas accommodés des biens de la fortune jouissent d'une bonne santé, & que cet avantage n'est pas toujours accordé aux riches & aux grands, les pauvres se dispensent de faire ce pélérinage à raison de leur indigence, & les gens opulens allèguent leur mauvaise santé ; mais ceux-ci font le pélérinage par procuration, soit en envoyant un homme à leur place, soit en achetant le pélérinage de quelqu'un qui l'ait fait. Une multitude d'Arabes répandus dans la Perse vivent de ces pélérinages.

Ceux d'entre les Persans qui se décident à entreprendre le pélérinage de la Mecque, ne manquent pas d'aller visiter les tombeaux de leurs Imans qui sont pour la plupart dans l'ancienne Chaldée &

près de Bagdad ; mais rarement font-ils le pélérinage de Médine, parce que le tombeau de Mahomet se trouvant auprès de ceux d'Aboubekre & d'Omar, ils auroient peine à retenir la haine qu'ils portent à la mémoire de ces deux califes.

Tel est le système religieux des Persans. Il est aisé de concevoir qu'un pareil système doit engendrer la superstition parmi ses sectateurs. Cependant la tolérance est une des vertus de ce peuple, quoiqu'il faille excepter de la pratique de cette vertu, les prêtres qui sont ici fanatiques & cruels. Les Persans ne proscrivent aucune religion ; ils permettent même aux étrangers qui ont embrassé la leur de la quitter pour reprendre celle qu'ils professoient auparavant. Ils croyent que les prières de tous les hommes sont bonnes & efficaces, & que la dévotion différente des mortels n'en est pas moins agréable à l'Etre-Suprême. Je ne sais s'il faut attribuer aux lumières répandues chez cette nation l'esprit tolérant qui y règne plutôt qu'aux mœurs de ce peuple naturellement ennemi de la contestation & de la cruauté.

LETTRE CXCV.

D'Ispahan.

ON pourroit, Madame, appeler la Perse le séjour du despotisme. Nul gouvernement n'est aussi absolu ; je n'en excepte pas même celui des Turcs. Le Roi de Perse dispose à son gré de la fortune & de la vie de ses sujets. Le déshonneur, les mutilations, la mort sont souvent les résultats d'une débauche du Monarque. Cependant ces actes tyranniques s'étendent rarement jusques au peuple; ils frappent principalement sur les courtisans & les favoris. Rien n'exprime mieux le degré du pouvoir arbitraire & fans bornes dont jouiffent les fouverains de cet empire que les paroles d'un feigneur Perfan. *Je tâte*, difoit cet efclave ingénieux, *toutes les fois que je fors de chez le Roi, fi j'ai encore la tête fur les épaules ; & je m'en affure même dans le miroir dès que je fuis revenu chez moi.*

La couronne eft héréditaire; elle appartient par droit de fucceffion au fils aîné du Roi. Ce droit paffe à tous les enfans mâles du fang royal, defcendus indifféremment des hommes & des femmes, parce que c'eft par les femmes qu'eft échue la fucceffion de Mahomet. Mais comme la loi exclut les aveugles du trône, & que la coutume de Perse est d'aveugler les mâles du sang royal, afin d'éviter, disent les apologistes de cette cruauté, les révoltes & les guerres civiles, vous concevez que ces barbares exécutions dépendant de la volonté du monarque, les prétentions de ces princes sont chimériques, & que le Roi de Perse est le maître de se choisir un successeur. Ce privilege héréditaire ne paroît pas moins illusoire, lorsque l'on considère que les princesses du sang royal sont presque toujours condamnées au célibat, à moins que le Roi ne leur permette d'épouser un ecclésiastique. Mais jamais elles ne peuvent se marier à un homme d'épée ou à un homme d'état, de peur que ces alliances ne faffent éclore des deffeins contraires à la puiffance royale.

La politique n'a point en Perfe de marche affurée. Tout s'y règle felon les circonftances ; chaque grande affaire s'y décide par une raifon momentanée & particulière. Aucun confeil n'éclaire les différentes branches de l'adminiftration; & c'eft du fein du ferrail que fortent prefque tous les arrêts. Seulement lorfqu'il s'agit de déclarer ou de foutenir une guerre importante, le Roi affemble fes principaux officiers., & l'on confulte d'abord le *Karajamea*, c'eft-à-dire, le recueil des révolutions futures, livre qui eft aux Perfans ce qu'étoient autrefois les oracles des sybilles parmi le peuple Romain. Les Persans sont assurés que ce livre contient une partie des principales révolutions qui doivent arriver dans l'Asie jusqu'à la fin du monde. Il a été composé par Cheik - Sephi, dont je vous ai déjà parlé ; on le garde religieusement dans le trésor royal, & la connoissance en est interdite au peuple & aux étrangers.

La Perse se divise en pays d'état & en pays de domaine. Ces pays de domaine sont sous l'administration d'un Visir qui en reçoit les revenus pour le Roi. Les Visirs sont à proprement parler des économes ou des intendans. Ils sont généralement détestés en Perse, parce qu'ils épuisent les sujets tant pour remplir les coffres du trésor royal, que pour s'enrichir eux-mêmes ; tandis que les gouverneurs des pays d'état n'étant point comptables de leur administration, parce qu'ils sont obligés d'entretenir à leurs frais les troupes de leurs gouvernemens, regardent la province qu'ils gouvernent comme un patrimoine, & y dépensent l'argent qu'ils y lèvent, soit à l'entretien des troupes, soit à celui de leur maison.

La cour de ces gouverneurs est splendide & nombreuse, & comme ils exercent une puissance qui approche de celle du souverain, ils en étalent aussi le luxe & la magnificence. Leur charge est perpétuelle, à moins qu'ils ne soient mandés à la cour, ce qui est ordinairement le préfage de leur disgrace.

Ces grands gouverneurs se nomment Beglierbec, mot qui signifie seigneur des seigneurs. Mais quelle que soit l'autorité de ces gouverneurs, elle est soumise à l'inspection de trois officiers placés de la main du Roi. Le premier de ces officiers a le titre de Lieutenant du Beglierbec ; il réside toujours dans la capitale de la province & quitte rarement la personne du gouverneur dont il est chargé d'éclairer la conduite. Les deux autres son des secrétaires ; leur office consiste principalement à instruire la cour de ce qui se passe dans la province.

Tous les gouverneurs sont obligés d'entretenir des agens à la cour. Ces agens doivent être toujours prêts à rendre compte de l'administration de leurs maîtres, toutes les fois que le Roi désire d'en être informé; ils reçoivent aussi des ordres particuliers sur les détails dont on ne juge pas à propos d'instruire exprès les gouverneurs. Ces seigneurs envoient également à la cour un ou plusieurs de leurs enfans, qui répondent au souverain de la fidélité de leurs pères, en même tems qu'ils tâchent de s'insinuer dans ses bonnes graces pour en obtenir la survivance des gouvernemens.

Les forteresses & les villes ont indépendamment des Beglierbecs, des gouverneurs particuliers qu'on appelle Daroga, mot qui signifie recteur & qui répond à la charge de préteur parmi les Romains. Le tribunal de ces gouverneurs est la première justice de la ville. Ils sont juges civils & criminels, mais ils ne peuvent point prononcer la peine de mort. Aucun tribunal n'a ce droit en Perse, qui réside uniquement dans la main du Roi.

Enfin le Roi est le maître des charges & gouvernemens sans exception, & il les distribue à sa volonté. On n'a point d'égard en
Perse

Perse à la naissance pour la collation des charges; & les Persans, comme autrefois les Romains, sont élevés indistinctement aux emplois militaires, civils & ecclésiastiques.

La première charge du royaume est celle du premier ministre que les Persans appellent *Athemadeulet*, mot composé qui signifie colonne de l'empire. On donne à ce premier ministre soit dans les requêtes qu'on lui présente, soit en lui parlant, le titre de Visir-Azem ou Grand-Visir. Le Grand-Visir a un contrôleur qui porte le titre de Nasir ou surveillant. C'est le Roi qui nomme ce Nasir, qui est en même tems le premier secrétaire du ministre.

La charge de Divan-Beghi est la

seconde charge de l'état. C'est le premier magistrat du royaume & le souverain chef de la justice. Le Divan-Beghi juge en dernier ressort toutes les causes civiles & criminelles, & on ne peut appeler qu'au Roi de ses arrêts. J'ai entendu dire que les anciens Rois de Perse se trouvoient souvent aux audiences de ce magistrat suprême pour en examiner les jugemens, mais il paroît que les souverains se sont dispensés par-tout du premier & du plus sacré de leurs devoirs.

Le généralissime de l'armée occupe le troisième rang dans l'état. Après lui viennent les commandans des divers départemens militaires. Le premier grade est celui du général des troupes qu'on appelle *Courtchi*; le commandant des mousquetaires occupe le second, celui des esclaves le troisième; enfin le grand-maître de l'artillerie est la dernière des grandes charges militaires.

On compte aussi parmi les grandes charges de l'état, celle du Visir *Tchap*, le second du Grand-Visir & qui agit en son absence; & celle de Mirab, c'est-à-dire, prince des eaux. Chaque province a son Mirab particulier qui dépend de celui-ci.

On pourroit aussi ajouter à ces charges celles des grands officiers de la maison du Roi dont la première & la plus considérable est celle de surintendant général, que les Perfans appellent le voyant du Roi. Le furintendant général eſt le premier officier du fouverain, le grand économe de fon domaine, de fes revenus, de fes biens meubles & immeubles, enfin il a une infpection abfolue fur toute la maifon du Roi. Il eſt en même tems le furintendant des manufactures royales & le chef de tous les penfionnaires du prince. Son département embraffe auffi tout ce qui concerne les étrangers dont les affaires n'ont point de rapport direct avec l'état.

L'autorité de ce grand officier eſt également furveillée par plufieurs autres officiers que le Roi met autour de lui pour éclairer fon administration & qui sont souvent ses propres domestiques.

Cette inspection qui est une des maximes politiques de la cour de Perse, établit quelquefois la sûreté du gouvernement, mais elle est rarement avantageuse au peuple. En effet, quel avantage retireroit-il du changement de gouverneurs ou de ministres, dans un pays où les charges les plus éminentes se vendent au gré des favorites & des eunuques? Les courtisans sont obligés de prodiguer l'or pour se concilier la faveur de ces dispensateurs des graces. Ils le prodiguent pour assoupir leurs surveillans, & pour entretenir la bienveillance de leurs protecteurs; enfin ce n'est qu'à la faveur de leurs richesses qu'ils échappent souvent à la mort qui seroit leur partage.

Ainsi quoique tous les citoyens aient en Perse le droit de présenter des requêtes contre les vexations des gens en place, quoique les gouverneurs ou les intendans ne puissent empêcher qui que ce soit d'aller se plaindre à la cour, rarement l'accusateur est-il écouté. L'accusé au contraire trouve toujours moyen de s'innocenter à force de largesses, & ces largesses sont encore le fruit des vexations que souffrent les malheureux.

Les Persans pourroient espérer du soulagement sous un prince bienfaisant & capable de tenir les renes de l'état ; mais l'art de gouverner s'apprend-il au milieu des plaisirs efféminés & des basses intrigues d'un serrail ? & c'est là que végètent presque tous les princes orientaux.

LETTRE CXCVI.

D'Ispahan.

SI le Roi de Perse, Madame, est redoutable par son autorité, il n'est pas moins puissant par ses richesses ; & ce royaume seroit sans doute un des empires les plus opulens de l'univers, s'il étoit cultivé à proportion de son étendue. Les terres sont divisées en Perse en quatre classes ; savoir, les terres de l'état, les terres du domaine, les terres de l'églife & les terres des particuliers. Les terres de l'état font en la poffeffion des grands gouverneurs qui payent fur leurs revenus les troupes de leurs provinces. Le Roi perçoit un tribut annuel fur les terres des particuliers. Quant aux terres qui appartiennent à l'églife, elles viennent de la donation des fouverains & de la libéralité des fidèles Mufulmans. Mais vous obferverez que le bien de l'églife eft facré en Perfe, qu'il n'eft fujet à aucune confifcation ni à aucune redevance, enfin qu'un an de poffeffion fuffit pour rendre inconteftable une donation faite à l'églife, quelque vicieufe qu'elle puiffe être.

Tant il est vrai que l'esprit de l'église est par-tout le même, & que les prêtres de toutes les religions ont par-tout le même principe, exercent par-tout les mêmes injustices.

Les terres du domaine sont le bien propre & particulier du Roi. Il en est le seigneur, le revenu lui en appartient ; ce revenu consiste dans le tiers des fruits de la terre, car l'usage général en Perse est que les fermiers ne rendent au seigneur qu'un tiers des biens en nature.

Les droits seigneuriaux qui appartiennent au Roi sont encore une des branches les plus considérables de ses revenus. Les principaux sont ceux qu'il perçoit sur les beſtiaux dont il lui revient ur par ſept, comme il lève auſſi ur tiers ſur la ſoie & le coton qu'or recueille dans tout le royaume. Les mines de métaux & de pierreries lui appartiennent en entier, ainſi que la pêche des perles. Enfin ſi à tous les droits qu'exerce ce ſouverain on ajoute encore les confiſcations qui montent à de très-grandes ſommes, ainſi que les préſens que lui envoient les gens en place de toutes les parties du royaume, il eſt aiſé de concevoir l'opulence de ce monarque.

Auſſi la cour de ce ſouverain eſt-elle ſplendide & magnifique ; les fêtes y ſont brillantes, & les réceptions des ambaſſadeurs ſur-tout y préfentent la pompe la plus faftueufe. Mais fi les dehors brillans de cette cour en impofent aux étrangers, les forces de ce royaume comparées à fon luxe & à fon étendue, diminuent bientôt l'idée de grandeur qu'on fe forme d'un fi vafte empire. Les troupes de Perfe ne font recommandables ni par leur nombre, ni par leur difcipline; ce n'eft pas que les Perfans ne foient naturellement braves & belliqueux, mais l'efprit militaire s'eft prefque tout-à-fait perdu dans cette contrée par la nonchalance & l'incapacité des chefs, qui toujours engendrent l'infubordination des fubalternes.

Avant le règne d'Abas le Grand les monarques Perfans n'entretenoient point de troupes à leurs dépens. Ils n'en avoient point d'autres que celles du royaume qui sont payées par les provinces, & chaque province en soudoie un nombre reglé à proportion de son étendue, de ses habitans & de ses richesses. Abas le Grand leva à ses frais deux corps militaires ; le premier de ces corps, composé de douze mille fantassins, porte le nom de mousquetaires, parce que ce prince leur donna des mousquets au lieu de l'arc & de la flèche qui étoient alors les armes ordinaires des Persans. Ce conquérant établit cette infanterie pour l'opposer au corps redoutable des Janissaires Turcs dont il voyoit que l'empire Ottoman

se

se servoit avec tant de succès. Les coulars ou esclaves forment le second corps des troupes entretenues par le monarque. Ce corps est de dix mille hommes de cavalerie. Le mot colar signifie esclave ; cependant ces soldats ne sont pas des esclaves, mais ils sont originaires de la Géorgie, de la Circassie, de la Sibérie & de la Moscovie. Abas le Grand affectionnoit singulièrement ce corps de troupes, & il n'y plaçoit que des gens d'élite.

Outre les mousquetaires & les coulars, le Roi de Perse entretient pour sa garde deux autres corps moins considérables. L'un de ces eux corps est celui des Sophis ; l n'est composé que de deux cens hommes, qui portent le bonnet de Sophi en tête, & pour armes le sabre, le poignard & une hache suspendue sur l'épaule. Les Ziézairi forment le second de ces corps. Ils sont au nombre de six cens, tous grands, bien faits, jeunes & vigoureux. Leurs armes sont le mousquet, le sabre & le poignard, & ces armes sont garnies d'argent. Cette troupe est très-brillante & très-estimée. Ces quatre corps de troupes ont leur solde en argent assignée sur les revenus du Roi.

Les autres troupes Persannes sont divisées en deux ordres, savoir les milices reglées & les troupes reglées. Les milices reglées sont levées & entretenues par les gouverneurs des provinces, elles doivent se rendre sous les enseignes à leur ordre & passer devant eux une fois tous les ans en revue.

Les Courtches, c'est-à-dire les chasseurs, sont les troupes reglées de ce royaume & le plus puissant corps militaire de la Perse. Les soldats qui le composent sont presque tous Tartares d'origine. Ils vivent à la campagne entr'eux sans se mêler avec d'autres habitans, & ils descendent, m'a-t-on dit, de ces mêmes pâtres ou bergers Sarrasins qui ont tant de fois changé l'état de la Perse & qui ont été jadis si redoutables aux souverains de cet empire. Mais Abas le Grand abaissa la fierté & la puissance de cette milice formidable en la réduisant à moitié, & en érigeant les autres corps dont je vous ai parlé. Ces troupes fervent à cheval. Elles portent pour armes offenfives l'arc, la flèche, l'épée, le poignard, la lance & une hache fous la cuiffe, paffée dans la fangle du cheval, & pour armes défenfives un bouclier fur le dos & le pot en tête, avec des pièces de maille qui tombent fur les joues. Elles combattent féparément fous le commandement de leur chef, qui eft toujours pris dans leur corps, car elles n'obéiroient pas à un autre. Les Courtches ont leur folde en terres de la couronne qui paffent d'eux à leurs enfans mâles, à moins qu'ils ne refusent de porter les armes.

Voilà les troupes que la Perse peut opposer aux ennemis qui l'environnent, mais la situation de ce royaume fait sa force principale. Presque toutes ses frontières sont défendues par des mers, des déserts ou de hautes montagnes; cependant ce qui doit paroître très-étonnant, c'est que la Perse environnée de deux grandes mers n'ait aucunes forces maritimes. Les Persans n'ont point le génie de la navigation. Leurs voyages maritimes se bornent à la mer Caspienne où ils sont les seuls qui naviguent, mais ils n'ont aucun vaisseau sur le golphe Persique. On n'y rencontre que des pavillons Européens, Indiens ou

Arabes; & ces différentes nations jouissent ainsi des avantages précieux que les Persans devroient retirer de cette navigation.

LETTRE CXCVII.

D'Ispahan.

Les limites des juridictions sont si mal fixées en Perse qu'il me sera difficile, Madame, de vous donner une idée de la jurisprudence Persanne. Les juridictions ecclésiastiques & civiles empiètent les unes sur les autres en toute occasion, & la cour bien loin de remédier aux désordres qui peuvent s'élever de ces conflits judiciaires, les favorise de tout son pouvoir, afin de tenir par ce moyen tous les tribunaux dans sa dépendance. Les principaux juges ecclésiastiques sont les cèdres ou pontifes souverains, l'ancien de la loi, le cadi & le moufti. Le pontificat résidoit autrefois dans une seule personne. Mais le partage que les Rois de Perse ont fait de cette charge en a beaucoup diminué l'éclat & la puissance. Maintenant les deux cèdres ont chacun un tribunal séparé, & jouissent d'une égale autorité. Le troisième magistrat ecclésiastique qui a le titre d'ancien de la loi, exerce aussi une juridiction très-étendue. Quant au cadi & au moufti ils sont plutôt regardés en Perse comme des oracles que comme des juges. La fonction du moufti surtout est réduite aujourd'hui à résoudre les cas qu'on lui propose & à donner son avis sur les consultations des juges. Aussi fait-on choix pour l'ordinaire d'un homme très-savant pour remplir cette place. Au surplus ces différens magistrats ne jugent pas en corps & en même lieu. Chacun a son tribunal à part, & quiconque a un procès est libre de choisir son juge. Les autres dignités & offices ecclésiastiques n'ont point de juridictions; & on appelle même de tous les tribunaux tant ecclésiastiques que civils au *Divàn-Beghi*, qui est en Perse le souverain chef de la justice.

Le grand livre de droit des Persans est le coran, c'est à lui que les juges ont d'abord recours ; mais s'ils n'y trouvent point de décision claire, ils consultent ensuite les dits & les faits de Mahomet & des Imans, & en dernier lieu un code de jurisprudence écrite qu'ils appellent *cheraiet*. Ce code contient les loix de leur droit civil & criminel, mais elles sont conçues en termes si obscurs ou si équivoques, que les juges peuvent leur donner toute sorte d'interprétation, sans qu'on puisse les accuser de s'écarter du texte de la loi.

Les ecclésiastiques étoient autrefois les seuls juges en Perse. Ils étoient en même tems juges civils & criminels. Cette jurisprudence étoit conforme au grand principe de la religion Mahométane, principe que le fondateur de cette religion avoit confacré par fon exemple. Le même homme, fuivant le coran, doit porter d'une main le glaive temporel & de l'autre le glaive fpirituel, être Roi & pontife tout enfemble, faire la guerre & adminiftrer la juftice, enfin expliquer les dogmes de la foi & régir le gouvernement. Mais depuis que les Rois de Perfe ne tiennent plus le fceptre & l'encenfoir, le tribunal des magiftrats de la loi eft défert, & l'on ne reconnoît plus guère dans ce royaume que les juges commis par l'autorité fouveraine. Ces juges font le piésident du Divan, le Visir, le gouverneur de la ville, son lieutenant & le prévôt de nuit. Les fonctions de ce dernier juge répondent à celle de commandant du guet parmi nous, mais son autorité est beaucoup plus étendue. Le prévôt de nuit met en prison, il inflige des punitions telles que l'amende & la bastonnade, & il juge toutes les causes criminelles excepté le meurtre. Les Persans l'appellent le Roi de la nuit pour faire allusion au tems de sa juridiction. Les villes ont encore trois magistrats inférieurs, qui sont le Kelonter ou maire de ville; le juge de police qui a l'inspection sur tous les marchés & sur toutes les boutiques;

& le chef des crieurs publics dont l'office confiste à faire publier toutes les femaines le prix auquel les denrées font taxées.

Les formes de la justice font bifarres en Perse, mais elle font d'un facile accès. On peut ici, comme ailleurs, plaider fans sujet & fans fin, & à plus d'une douzaine de tribunaux tour-à-tour.

Les plaideurs n'empruntent point en Perse le ministère d'un avocat. Chaque partie plaide elle-même fa caufe, & cette forme rend les audiences fi tumultueufes, que les magiftrats peuvent ici dire avec quelque raifon qu'ils jugent beaucoup de caufes fans les entendre. Les femmes comparoiffent auffi devant les tribunaux, elles y disputent elles-mêmes leurs droits, ce qu'elles font pour l'ordinaire d'une manière si précise & si modérée que les juges font souvent dans le cas de lever l'audience sans avoir prononcé.

Thémis n'a point chez les Persans de temple particulier. Chaque magistrat administre la justice dans l'intérieur de sa maison, & n'est accompagné dans ses fonctions que d'un écrivain qui ordinairement est un homme de loi; mais lorsqu'il vient à son audience des gens de distinction, il les fait asseoir auprès de lui. Le juge rend une sentence à la première ou à la seconde séance, quoique cette prompte expédition dépende souvent de la générosité des plaideurs. Les secrétaires des juges Persans ont la bassesse de se laisser gagner par des présens, & ce que je n'aurois jamais cru, les juges eux-mêmes ne sont pas incorruptibles. La vue d'un agneau, d'un mouton, de quelques paires de poulets les intéresse singulièrement à la cause des gens du peuple ; les riches & les grands ont aussi la faculté de les attendrir en leur présentant des étoffes précieuses ou de l'argent.

Il faut convenir cependant que les abus sont bien moins considérables en Perse dans l'administration de la justice que dans les pays qui vantent la perfection de leur jurisprudence. Car indépendamment de ce que les procès font briévement terminés, on ne voit pas dans ce royaume le patrimoine des plaideurs fe diffiper en dépens amoncelés, & paffer entre les mains des fuppots fubalternes de Thémis.

La marche de la juftice criminelle n'eft pas moins expéditive dans cet empire que celle de la juftice civile; mais il faut dire à l'honneur des Perfans qu'ils fe rendent rarement coupables de ces crimes affreux dont l'Europe offre malheureufement tant d'exemples. Les duels, les affaffinats, les empoifonnemens leur font pour ainfi dire inconnus, & lorfque quelques-uns de ces forfaits viennent épouvanter leur contrée, on en présente aussitôt l'information au monarque qui seul prononce la peine de mort dans ses états. Mais quelqu'absolue que soit sa puissance, il ne peut faire grace au meurtrier sans le consentement des parens du mort ; & de même que dans la justice civile les débiteurs sont livrés à leurs créanciers dont ils deviennent les esclaves, les meurtriers sont remis entre les mains des plus proches parens du défunt qui disposent d'eux suivant le degré de leur ressentiment. Dès que la peine de mort est prononcée, on amène le criminel lié devant les parties, & le juge leur dit : « Je » vous livre votre meurtrier, suivant

» la loi, payez-vous du fang qu'il » a répandu; mais fachez que dieu » eſt reconnoiſſant & clément ». Alors les valets du juge mènent le meurtrier à l'endroit du ſupplice choiſi par les parties. Elles marchent devant lui ou à ſes côtés en le chargeant d'injures, de malédictions & de coups. L'horreur de ce ſpectacle augmente dans le chemin, car par toutes les rues où paſſe le criminel, il eſt de même accablé d'outrages, d'imprécations & en quelque forte lapidé. Arrivé au lieu de l'exécution il eſt mis à mort par les parties elles-mêmes, ou par les valets du juge lorſqu'ils en font requis par les parens. Il faut remarquer que preſque toutes les peines infligéee en Perfe aux criminels ont quelque rapport avec le forfait dont ils fe font fouillés. Les voleurs publics font exécutés fur le grand chemin ; les voleurs des villes font marqués d'un fer chaud, ou ont le poing droit coupé. On verfe aux parjures du plomb fondu dans la bouche. La baftonnade eft le fupplice le plus commun chez cette nation ; les moindres défordres font punis de ce genre de châtiment, à moins que les délinquans n'aient le moyen de s'en fauver par une amende pécuniaire proportionnée à leurs délits, ou en féduifant les fergens qui viennent les arrêter. Les paroles dont fe fert le coupable dans cette occasion ont une douceur si irrésistible, que l'ame compatissante des sergens en est bientôt attendrie. « Cher » ami, mon frère, mes yeux, dit » l'accusé à celui qui le mène chez » le juge, pourquoi me tues-tu de » cette sorte, moi qui suis innocent ? » Prens la moitié de ce que j'ai » dans la poche & donne l'autre » moitié au portier du juge, afin » que je ne sois pas mis sous le » bâton ». Je vous observerai à cet égard que les portiers des juges sont ordinairement les geoliers des criminels, car il n'y a point en Perse de prisons publiques.

La Perse a des réglemens de police admirables, & le bonheur général seroit sans doute le fruit de leur sagesse, s'ils étoient fidèlement exécutés. La loi prononce des peines sevères contre tous ceux qui troublent la sûreté ou l'ordre public ; elle a même pourvu au dédommagement des citoyens léfés par ces infractions. Vous avez vu que les voleurs étoient exécutés sur les grands chemins. Mais le législateur ne se borne pas au supplice du coupable. Il veut que le vol soit restitué à celui qui a été dépouillé, & si l'auteur du larcin ne peut se retrouver, le gouverneur de l'endroit où le délit fut commis en est responsable, & celui-ci à son tour en fait essuier le dommage à ceux qui sont préposés à la sûreté publique. Cette loi est tombée en désuétude ainsi que celle qui condamnoit les vendeurs à faux poids à être attachés à un pilori ambulant. C'est ainsi qu'on ne voit plus en Perse ces bûchers ardens, allumés jadis dans le tems des calamités publiques, pour arrêter la cupidité barbare des boulangers ou des monopoleurs. La fraude & l'injustice se sont glissées dans cette partie de la législation si essentielle à un grand peuple, & si le glaive de la justice brille encore quelquefois, il ne frappe plus que la partie la plus indigente de la société, qui ne peut par une amende pécuniaire se soustraire au châtiment.

Mais pourquoi insisterois-je davantage sur ces crimes de lèzehumanité, ils font devenus si communs qu'on en trouve des traces dans les gouvernemens les mieux policés, & la Perse est peut-être encore un des empires où ils se soient le moins répandus.

LETTRE CXCVIII.

D'Ispahan.

LA Perse a essuié, Madame, des révolutions si générales qu'elles ont renouvellé souvent le sang des habitans de cet empire. Les anciens Perses, attachés à la religion de Zoroastre, sont originaires de la Tartarie, & comme ils ne s'allient jamais qu'entr'eux, ils ont conservé les traits de leur difforme origine. Mais le reste des Persans régénérés, pour ainsi dire par le sang de Géorgie & de Circassie qui coule dans leurs veines, jouissent en grande partie des avantages singuliers de la beauté, dont la nature s'est plu à partager les habitans de ces deux contrées. Les Persannes sont très-belles quoiqu'elles ne puissent pas encore rivaliser avec les Géorgiennes. Les hommes sont généralement grands, vermeils & de bonne apparence.

Les Persans n'excellent pas moins dans les qualités de l'esprit. Leur imagination est vive & fertile, leur mémoire aisée & féconde. Ils ont beaucoup de disposition aux sciences ainsi qu'aux arts libéraux &

mécaniques, & l'on voit assez que sous un autre gouvernement la guerre auroit pour eux des charmes. Avides de gloire, ils embrassent la vanité qui en est la fausse image. Leur naturel est pliant & souple, leur esprit facile & intrigant Le luxe & la prodigalité devroient leur rendre le commerce indispensable, mais la volupté & la paresse les en éloignent. Leur philosophie consiste à jouir du présent, sans se tourmenter de l'avenir. Ils croient au fatalisme, aussi les disgraces ne les accablent pas, & tranquilles lorsque l'adversité vient les visiter, ils se contentent de dire : il étoit ordonné que cela arrivât. Mais je dois sur-tout vous faire

faire l'éloge de l'humanité que ce peuple témoigne aux étrangers, de la protection qu'il leur accorde & de l'hospitalité qu'il exerce envers tout le monde. Comment accorder ces vertus avec les vices que l'on rencontre chez les Persans ? La paresse & la passion effrénée des plaisirs sont les moindres de ceux qu'on peut leur reprocher. Ils sont dissimulés, fourbes & flatteurs à l'excès. L'intérêt les rend aisément menteurs, audacieux, faussaires & parjures. L'hypocrisie est le manteau sous lequel ils cachent toutes leurs actions ; & pourvu qu'ils accomplissent les pratiques minutieuses de leur culte, ils ne se font aucun scrupule de blesser les principes les plus sacrés de la morale. Cependant je m'imagine, car c'est à regret que j'inculpe une nation chez laquelle j'ai été si favorablement accueilli, que ces vices affreux tiennent à la religion que professent les Persans & à la servitude sous laquelle ils gémissent.

Il est inutile de vous observer que les Persans sont grands complimenteurs. Tous les orientaux le sont, mais il me semble que l'on renchérit en Perse sur cette qualité naturelle aux peuples de l'Orient. Les Persans ont les manières les plus douces & les plus insinuantes, le langage le plus tendre & le plus flatteur ; &, soit qu'ils se saluent ou qu'ils se visitent, soit qu'ils se félicitent ou qu'ils se consolent, l'affection & la cordialité semblent animer tous leurs discours. Mais plus on fréquente ce peuple, plus on voit que le cœur n'a point de part à ces dehors trompeurs. L'intérêt est le dieu des Persans, & ils ne se demandent réciproquement service qu'un présent à la main. On n'aborde les juges, les grands seigneurs, le Roi même, qu'en leur offrant quelque don ; & les pauvres n'ont point de prétexte pour se dispenser de cette coutume incommode, car on reçoit tout dans ce pays depuis les pierreries jusqu'aux fruits les plus communs.

Les habits des orientaux ne sont point sujets aux caprices de cette divinité que mes compatriotes encensent avec une espèce de délire. L'habit Perfan est maintenant ce qu'il étoit il y a plusieurs siècles. J'ai vu dans le tréfor d'Ispahan des habits de Tamerlan, semblables à ceux que l'on porte aujourd'hui en Perse. Enfin les lettrés du pays prétendent que les Perfans ont encore la même forme d'habillement que Cyrus donna jadis aux Perses. Cet habillement consistoit en une longue robe & en un turban. Quoi qu'il en soit, le faste éclate dans tous leurs vêtemens; les étoffes dont ils se servent sont de soie & de coton, d'or & d'argent, & garnies quelquefois de perles précieuses. Toutes les couleurs leur sont indifférentes, excepté la couleur noire pour laquelle ils ont une antipathie insurmontable. Il faut excepter néanmoins de cette aversion qu'ils ont pour le noir, les cheveux & les sourcils qui sont regardés en Perse comme le plus bel ornement des personnes qui les ont de cette couleur ; les femmes se les teignent lorsque la nature ne les a pas favorisées de ce genre d'agrément. Les Persans laissent croître leur barbe, mais courte & de façon qu'elle ne fait que cacher la peau, car ils ont en horreur les barbes à la Turque. Les militaires se rasent entièrement, cependant ils conservent deux grandes moustaches qui sont les signes caractéristiques de leur état. Ils portent aussi le poignard au côté, ainsi que les gens de la cour. Mais le port de cette arme est interdit aux ecclésiastiques, aux gens de lettres, aux marchands & aux artisans. Les princesses du sang royal ont le privilege de porter le poignard.

L'habit des femmes est semblable en beaucoup de choses à celui des hommes. Leur coeffure est simple, mais plusieurs riches ornemens relèvent cette simplicité. Elles laissent pendre leurs cheveux par derrière noués en plusieurs tresses. L'élégance de cette coëffure consiste en ce que les tresses soient épaisses & tombent sur les talons.

Le bout en est garni de perles, de bouquets, de pierreries ou de bijoux d'or & d'argent. Un bandeau également enrichi orne le haut du front ; ce bandeau étoit autrefois le diadême des reines de Perse. Au-dessus de ce bandeau est attaché un voile qu'elles font tomber avec grace derrière le corps ; un second voile leur passe sous le menton & leur couvre le sein. Lorsqu'elles sortent, elles ont deux autres voiles dont l'un enveloppe tout le corps, & quoique la figure soit couverte par ce voile, elles en ont encore un sur le visage, afin d'ôter toute espérance aux indiscrets.

Les Persannes portent aussi des bracelets & des colliers magnifiques qui leur tombent fur le fein & auxquels font fufpendues des boëtes d'or remplies de parfums. Elles ont des bagues à tous les doigts, & elles ne négligent rien de ce qui peut contribuer à relever leur beauté ; mais le goût brille moins dans leur ajuftement que l'éclat des richeffes. En un mot, le luxe de la parure & des habits eft porté à l'excès dans ce royaume, & les Perfans ont à ce fujet un proverbe dont l'application peut être affez générale, *corbet ba lebas*, honneur felon l'habit.

Les meubles font en Perfe beaucoup moins fomptueux que les vêtemens. Prefque tous les appartemens ne font ornés que par des tapis sur lesquels on étend autour de la salle de petits matelas de la largeur de trois pieds, garnis d'une couverture de toile de coton, piquée d'or ou de soie. On range par-dessus ces matelas des carreaux de velours ou de brocard. Ce sont là les meubles les plus riches de ce pays. Les glaces, les tableaux, les vases précieux ne se trouvent guère que dans les palais des souverains. Mais si les Persans dépensent peu pour orner leurs maisons, ils se ruinent à l'entretien de leurs serrails, de leurs femmes & de leurs eunuques. Leur domestique est toujours fort nombreux ; un grand seigneur ne marche point en Perse sans être accompagné d'une foule de valets. Après tout, ce luxe n'eſt que ridicule dans un pays d'eſclaves, tandis que dans un état libre il tient de la barbarie.

La frugalité eſt une des bonnes qualités des Perſans, & l'on pourroit cependant la leur conteſter encore en l'attribuant au climat chaud qu'ils habitent, à la vie ſédentaire qu'ils mènent, à l'uſage immodéré qu'ils font des boiſſons narcotiques, & peut-être auſſi à l'ignorance de leurs cuiſiniers. Quoi qu'il en ſoit, leurs repas ſont très-courts, & l'on n'y voit règner ni la variété, ni la profuſion, ni l'art perfide des aſſaiſonnemens. Le riz eſt l'aliment dont ils font le plus de cas, ſur-tout lorſqu'il eſt cuit avec de la viande, des légumes, du beurre & des plantes aromatiques ; c'est ce que les Persans appellent du pilo. Les viandes dont ils se nourrissent le plus communément sont l'agneau, le chevreau, les chapons, les poules & les poulets. On ne sert point d'autres mets sur leur table, soit que le pays ne fournisse pas les autres animaux en assez grande abondance, soit que l'usage leur en soit interdit par la loi de Mahomet. L'eau & le café sont les boissons ordinaires des Persans ; le sorbet, les eaux de fruits & de fleurs sont leurs liqueurs favorites ; car je n'ose mettre dans ce nombre le vin, cette liqueur abominable, proscrite par le prophète. Il est pourtant véritable que les Persans désobéissent journellement à leur législateur, & que le vin est en usage dans tout ce royaume ; ce n'est pas le meilleur que l'on y préfère, mais le plus fort & le plus violent. On le prend sur-tout comme un préservatif contre l'ennui, aussi les seigneurs de ce pays en boivent-ils toujours jusqu'à perdre la raison.

Quant aux gens graves & qui s'abstiennent du vin comme défendu, ils font, lorsqu'ils veulent sortir de leur léthargie, usage d'une boisson encore plus dangereuse. Cette boisson se fait avec du suc de pavot. Les Persans trouvent qu'elle produit dans le cerveau des

visions

visions agréables, & qu'elle engendre la gaîté. Mais cette gaîté ressemble tout-à-fait à la démence. En effet, ceux qui boivent de cette liqueur éprouvent une joie extravagante qui se change au bout de quelques heures en un silence morne & stupide. Le corps éprouve alors un engourdissement général. Vous ne croiriez pas cependant que les partisans de ce narcotique donnent le nom d'extase à ces crises violentes, & que malgré ces effets tragiques, les Persans se font une habitude invincible de cette liqueur, qui les conduit au tombeau dans un âge peu avancé, mais auquel ils ont déjà ressenti toutes les infirmités d'une vieillesse décrépite.

Cette drogue se débite dans des cabarets publics qui présentent aux étrangers le spectacle de ces tristes asyles où les fous sont renfermés.

Indépendamment de ces cabarets, les principales villes de Perse ont un grand nombre de cafés. Ces maisons sont aussi fréquentées que les nôtres, & présentent autant de variété. On y rencontre des joueurs, des politiques, des poëtes & jusqu'à des derviches. Il n'est pas rare d'y voir un Molla débiter un sermon à côté d'un faiseur de contes. Mais ce qui fait le plus grand charme des cafés de Perse, c'est que l'on y critique en liberté les opérations du ministère : car le gouvernement de Perse, tout despotique qu'il est, ne foudoye pas des troupes réglées de délateurs. Cette baffe inquifition eft un art de l'Europe inconnu des Perfans.

LETTRE CXCIX.

D'Ifpahan.

Vous ne fauriez vous imaginer, Madame, combien les Perfans font encore éloignés des bons principes. Ce peuple eft affez barbare pour ne pas connoître de nobleffe héréditaire. La nobleffe, (concevez-vous, rien de plus impolitique?) meurt avec l'individu qui en jouiffoit, & rien n'eft moins rare dans ce pays que de voir le fils d'un patrie élevé au gouvernement de l'état, tandis que le fils d'un ministre est réduit à cultiver la terre de ses mains. Aussi les noms des Persans sont rarement des noms de famille ou de race. Ils leur sont imposés à leur naissance ou à leur circoncision, & ils sont pris des personnes éminentes de leur religion, de leur histoire ou de l'ancien testament. Cependant un fils respectueux ajoute quelquefois à son nom celui de son père, comme un père tendre se donne la satisfaction de joindre au sien celui d'un de ses enfans. C'est aussi un usage très-commun parmi eux de prendre pour surnom la profession qu'ils exercent, soit libérale, soit mécanique, & ce qu'il y a de plus étrange, c'est qu'ils ne rougissent point de porter ces surnoms, après être parvenus au faîte des richesses ou des grandeurs.

Lorsqu'un enfant mâle vient au monde, il est d'usage que le père donne son habillement à celui qui lui en apporte la nouvelle. On vient lui ôter le turban sur la tête en lui disant ; il vous est né un enfant mâle, & le père est obligé de faire un présent tant pour la bonne nouvelle que pour racheter ses habits qui appartiennent à l'heureux messager.

Les collèges dont les principales villes de Perse sont remplies fournissent aux habitans de ce royaume, sur-tout à ceux de la classe la plus indigente, les moyens d'élever leurs enfans. La charité mahométane s'étend en fondations publiques autant qu'elle est resserrée en assistances particulières. Je ne critiquerai point cette charité orgueilleuse. Elle existe par tout. Chaque royaume peut offrir d'illustres exemples de personnes dures & insensibles que l'éclat & la réputation attachées au nom de fondateur ont portées à ces actes de bienfaisance. Le bien qui en résulte doit faire excuser le motif qui l'a produit. Pour revenir aux Persans, une de leurs principales fondations est celle des collèges. Ils sont en si grand nombre qu'on en voit même quelques uns dans des villages. Tous sont rentés & leur revenu monte, dit-on, à quatre millions cinq cents mille livres de notre monnoie. Mais ce revenu considérable étant partagé en trop de collèges, il s'ensuit que le plus riche n'a guère que dix ou douze mille livres de rente, somme modique pour l'entretien de quarante ou cinquante étudians ; aussi les gens opulens donnent-ils des précepteurs particuliers à leurs enfans. Cette profession est assez respectée en Perse, mais elle y est peu récompensée.

Les Persans qui suivent les dogmes d'Aly, peuvent contracter trois sortes d'unions approuvées par leur religion & par la loi civile. Ils achètent, louent & épousent des femmes. Les enfans qui proviennent de ces femmes sont tous légitimes, de façon que si un homme a de son esclave un fils avant que d'en avoir de son épouse, le fils de l'esclave est reconnu pour l'aîné & jouit de tous les droits attachés à la primogéniture. Cet événement n'est pas moins heureux pour la mère, qui dès ce moment n'est plus regardée comme esclave, mais comme mère d'un légitime héritier de la maison. La seconde union est un contrat purement civil qui se passe devant le juge, & dont les conditions ressemblent à celles de nos loyers. Les femmes que l'on prend de cette manière sont proprement des concubines. On les loue pour le tems que l'on veut, & l'on renouvelle le bail au bout du terme si les parties sont d'accord. La religion permet aux Persans de prendre de ces deux sortes de femmes autant qu'on peut en nourrir, mais elle borne à quatre le nombre des épouses légitimes. Cependant il est rare que l'on en épouse plus d'une, tant parce que le mariage occasionne en Perse de grandes dépenses, qu'à cause du mauvais ménage que ne manqueroit pas de produire la multiplicité des femmes légitimes. Il n'y a même ordinairement en Perse que les gens fortunés qui contractent ce dernier lien, & lorsqu'ils sont mécontens de leur femme, malheur qui ne manque pas de leur arriver, ils ont recours aux femmes esclaves, sans que la paix de la famille en soit troublée, parce que l'épouse légitime conserve toujours la principale autorité. On se marie en Perse par procureur, parce que les femmes ne se font point voir aux hommes. Ces procureurs sont ordinairement chargés de garder le contrat & d'en faire exécuter les clauses. Dès que les articles en sont accordés, l'époux envoie l'anneau de mariage & les présens qui consistent en habits, en bijoux & en argent comptant, & il reçoit en échange des mouchoirs, des toilettes, des turbans brodés ordinairement de la main de la personne qu'il doit épouser. La noce se fait chez le marié & dure dix jours; mais la mariée reste toujours voilée & revient tous les soirs à la maison paternelle. Le dixième jour les parens de la nouvelle épouse envoyent à son mari en plein jour ce qu'on appelle le trousseau de l'accordée, & ce qui compose effectivement toute sa dot. Il consiste en ses hardes & bijoux, en meubles, en esclaves & en eunuques. Des chameaux ou d'autres bêtes de charge portent les habits au son des instrumens. Les esclaves ou les eunuques sont tous à cheval ou montés sur des chameaux, &

il arrive souvent que l'on emprunte des meubles, & que l'on envoie même des coffres vuides pour donner à ce cortège un train plus fastueux. La nuit du dixième jour on conduit la mariée dans un cagiavat, c'est-à-dire, dans des berceaux portés par un chameau. Des joueurs d'instrumens commencent la marche, un nombre de domestiques suivent chacun un cierge à la main : les femmes viennent ensuite portant aussi chacune un cierge allumé. La mariée est voilée du haut jusques en bas, & souvent même le mari n'obtient pas ce jour là le bonheur auquel il aspire, car à peine la belle est-elle arrivée chez son mari, qu'elle se cache parmi ses femmes & le fait quelquefois languir des mois entiers. Cependant on ne peut pas dire que les Persans se marient absolument sans connoître la personne qu'ils vont épouser, car la mère, les parentes & les femmes qui la servent ne manquent pas de faire devant l'amant le portrait de sa maîtresse, & d'ailleurs comme on ne tient les filles enfermées que lorsqu'elles ont passé huit ans, & comme on se marie de très-bonne heure en Perse, il est rare que les alliances ne soient pas préméditées dès ce tems-là.

La religion Mahométane permet le divorce de quelque manière & pour quelque sujet qu'il se fasse.

Il suffit qu'une des parties soit dégoûtée de l'autre. Le mari est obligé de donner le douaire à sa femme si c'est lui qui la répudie, mais si c'est elle qui a recherché la séparation, elle ne peut plus l'exiger. Cependant malgré la facilité du divorce, les séparations ne sont pas communes chez les Persans, parce que le lieu où les femmes sont renfermées est un asile presque sacré, & qu'ainsi il arrive rarement que la justice prenne connoissance des différens qui surviennent dans les ménages. Le mari exerce une puissance absolue dans ce lieu redoutable, qui est plus souvent le théâtre du crime que le temple du plaisir.

Si les Persans sont fastueux dans le cours de leur vie, on ne peut point leur reprocher la vanité des pompes funèbres. Les enterremens de l'Orient se font sans éclat, mais non sans bruit. Des cris & des gémissemens furieux informent d'abord tout le voisinage de la mort d'un habitant. Tous ceux qui sont intéressés à la perte qui vient d'arriver se déchirent les habits, s'arrachent les cheveux, se meurtrissent le visage, enfin se livrent à tous les actes du désespoir; les femmes sur-tout s'emportent aux excès de fureur & de désolation les plus outrés, qu'elles entremêlent de longues complaintes, de récits tendres & touchans, & de douloureufes apoftrophes au cadavre infenfible. Après l'obfervation de toutes ces pratiques commandées par la religion à l'égard des morts, un Molla fe rend au logis de la perfonne morte avec la bierre de la mofquée prochaine, & les domeftiques ou les voifins rendent les derniers devoirs au défunt en portant le cercueil fur les épaules. Les paffans même s'acquittent de ce pieux office, car la charité Mahométane prefcrit à ceux qui rencontrent un cercueil de le porter au moins l'efpace de dix pas, & les gens de la plus grande confidération ne s'exemptent point de ce devoir religieux. Huit ou dix jours après, les parens & fur-tout les femmes ne manquent point d'aller visiter le lieu de la sépulture. Leurs plaintes se renouvellent à l'aspect de ce lieu funèbre ; des amies charitables sont obligées de les en retirer & de les consoler en laissant des offrandes de gateaux, de fruits & de confitures aux anges gardiens du sépulcre.

On n'enterre point dans les villages & les petites villes de la Perse : les sépultures sont hors des portes & sur les grands chemins. Mais les grandes villes sont remplies de cimetières publics, dont les exhalaisons ne sont pas toutefois dangereuses, à cause de la sécheresse & de la salubrité de l'air. Les gens de distinction ordonnent qu'on enterre leurs corps auprès du tombeau de quelque grand saint. Quelques uns même se font porter jusques à Negef, ville de l'Arabie déserte où repose Aly, le grand saint des Persans.

Le deuil dure quarante jours & ne consiste pas à prendre des habillemens lugubres, mais à répandre des pleurs, à jetter dès cris, & à se refuser la nourriture. Cependant les hommes se consolent plus facilement, ils quittent même les marques extérieures du deuil au bout de huit jours. Rien de plus philosophique que les consolations que se donnent réciproquement à ce sujet les Persans. Ils comparent la vie à une caravane dont tous les voyageurs arrivent au caravanferai qui eft le rendez-vous général, les uns plutôt, les autres plus tard. L'affliction des femmes eft plus longue & en quelque forte mieux fondée, car le veuvage en Orient eft prefque toujours une condition permanente.

Je paffe fur une foule de pratiques minutieufes que les Perfans obfervent à l'égard des morts ; je vous entretiendrai encore moins des remèdes magiques dont ils fe fervent dans les maladies ; car vous faurez que la magie eft encore en honneur dans ce royaume. Les aftrologues ou plutôt les devins jouiffent en Perfe de la plus grande confidération. Ce font eux qui annoncent les tems & les jours heureux ou malheureux. Le roi même est l'esclave de leurs prédictions ; il les consulte sur toutes les affaires importantes ; il n'oseroit même entreprendre un voyage sans avoir consulté ces oracles. Cependant la superstition des Persans ne les empêche pas de cultiver les sciences. La médecine, l'histoire, la philosophie, la poésie fleurissent également chez ce peuple ingénieux ; en un mot on peut dire que l'estime & la recherche des sciences est le goût dominant de la nation Persanne.

LETTRE CC.

D'Ispahan.

L'Etude des sciences, Madame, n'est pas circonscrite en Perse dans un petit nombre de savans de profession. Presque toutes les classes y aspirent ; les artisans, les paysans même en ont quelque teinture, & ceux que la pauvreté, des occupations incompatibles, ou des obstacles insurmontables en ont détournés pendant leur jeunesse, ne rougissent point de se ranger parmi les étudians dans un âge avancé. On nomme ici les docteurs par excellence, *Mouchtehed*, c'est-à-dire un homme qui possède toutes les sciences au plus haut degré. Cette dénomination honorable eſt ambitionnée par tous les perſonnages ſcientifiques, mais elle eſt rarement accordée par des ſuffrages unanimes, car les Perſans ne regardent comme vrais ſavans que ceux qui ſont également verſés dans toutes les ſciences.

Les Perſans ſe ſervent de trois langues, de la Perſanne qui eſt la langue maternelle, de la Turque & de l'Arabe. Les gens de conſidération, les femmes & preſque tous ceux qui fréquentent le monde parlent également ces trois langues, dont l'intelligence eſt d'une néceſſité indiſpenſable à tous les étrangers qui veulent ſe fixer dans ce royaume. La langue Persanne est la langue de la poésie, des belles lettres & du peuple en général. La Turque se parle à l'armée, à la cour & sur-tout dans les serrails. L'Arabe est l'idiome de la religion & des sciences relevées. Un fidèle Musulman ne peut sans honte & sans danger ignorer cette dernière langue, car les livres de la religion sont tous écrits en Arabe, & le fondateur qui en commande impérieusement la lecture, en défend sévèrement la traduction. Ainsi sans Arabe, point de salut. Quant à la langue Turque que l'on parle en Perse & sur-tout à la cour, elle est adoucie par des termes & des tours pris de la langue Persanne, de façon qu'un Turc auroit presque autant de peine à l'entendre, qu'il éprouveroit de difficulté à être entendu. Quoique ces trois langues 'n'aient aucun rapport avec celles de l'Europe, il seroit moins difficile d'apprendre à les parler que de se familiariser avec leur lecture, car les lettres alphabétiques étant composées de figures & de points, il arrive que la ponctuation n'étant jamais exacte, & les figures manquant souvent de points, on est à tout moment arrêté dans la lecture.

Mais ce qu'il y a de plus remarquable dans ces langues, c'est qu'elles sont aujourd'hui ce qu'elles étoient il y a dix siècles & qu'elles

ne

ne vieilliffent point. Le coran, par exemple, eft encore maintenant le modèle de la plus pure, de la plus précife & de la plus éloquente diction. Les ouvrages des poëtes Perfans qui ont écrit il y a cinq ou fix cens ans, font des chef-d'œuvres encore nouveaux ; enfin aucun écrivain ne s'eft imaginé jufqu'à préfent d'embellir cette langue ou de la perfectionner.

Tous les orientaux regardent la langue Arabe comme la plus excellente & la plus riche. Leur hiftoire parle d'un prince de cette nation qui avoit un dictionnaire de cette langue fi volumineux qu'il falloit foixante chameaux pour le porter. Les Arabes ont mille fynonymes pour parler d'un chameau, ils en ont autant pour une épée; en un mot, les auteurs Mahométans qui ne tarissent point sur l'abondance merveilleuse de cette langue, assurent unanimement qu'on ne peut apprendre tous les termes de la langue Arabe sans miracle, que nul homme ne l'a jamais sue que Mahomet, & qu'elle deviendra infailliblement la langue du paradis.

L'imprimerie manque aux Persans; cependant les livres sont assez communs dans ce royaume & n'y sont pas chers pour des manuscrits. Mais ils fourmillent de fautes occasionnées par l'ignorance & l'inattention des copistes. Plusieurs Rois de Perse ont eu dessein d'établir des imprimeries dans leur empire, mais les orientaux ont une aversion insurmontable pour les nouveautés, & ils sont si attachés aux manières anciennes qu'il seroit presqu'impossible de les porter à des établissemens nouveaux, lors même qu'ils ne pourroient s'empêcher d'en reconnoître les avantages.

J'ai tâché d'éviter les descriptions fastidieuses lorsqu'il m'a fallu vous rapporter les usages uniformes & sauvages des nations Tartares & Sibériennes ; mais j'ai lieu de présumer que des détails sur les arts & les sciences cultivés par un peuple spirituel ne doivent point vous être indifférens. Cependant mes observations sur ce sujet ne seront point trop étendues, car il faudroit avoir siégé sur les bancs des écoles Persannes, & je n'aspire point au surnom honorifique de *Mouchtehed.*

LETTRE CCI.

D'Ispahan.

PLAIGNEZ les Persans, Madame, ils sont insensibles aux accords de Polymnie. La musique n'est point en honneur chez cette nation, elle est reléguée parmi les femmes prostituées & les baladins, & l'art du chant, ainsi que celui de la danse, n'entre point dans l'éducation des enfans. Les Persans ont néanmoins une musique particulière, ils ont même des auteurs qui en ont traité d'une manière aussi embrouillée que diffuse. On voit aussi chez eux un grand nombre d'instrumens. Mais la religion en proscrit l'usage, & ceux qui font profession d'en jouer, mènent une vie malheureuse & déshonorée. Cependant le Roi & les gouverneurs des grandes provinces entretiennent des bandes de musiciens & de danseuses. On les mande à tous les grands festins, ainsi qu'à toutes les audiences des ambassadeurs, & voilà en quoi consistent tous les spectacles des Persans.

Vous jugez bien que l'art dramatique n'est pas perfectionné dans cet empire. Les troupes y représentent quelquefois des scènes amoureufes, qu'on pourroit comparer à nos scènes lyriques, car elles sont toutes en chant & en vers ; mais ces scènes produisent rarement de l'illusion, parce qu'il n'y a guère que les hommes en Perse qui exécutent la musique vocale, & que la danse au contraire n'est exercée que par les femmes. Les danseuses de ce pays ne sont pas plus décentes & réservées que les nôtres. Toutes leurs troupes sont composées des courtisannes les plus fameuses, qui affichent le luxe le plus indécent & les mœurs les plus déréglées. Les princes, les grands seigneurs & les financiers Persans prodiguent l'or & les présens à ces créatures ; & elles se font un honneur de ruiner les adorateurs qui s'attachent à leurs charmes perfides.

Cependant quoique la musique soit presqu'inconnue des Persans, il est aisé de voir qu'on en introduiroit facilement le goût dans cet empire, sur-tout si quelque nouveau Gluck y apportoit ses sublimes talens; car le peuple est naturellement porté pour cet art, & le préjugé religieux est le seul obstacle qui en ait retardé les progrès.

A défaut de spectacles, les Persans trouvent des divertissemens dans les exercices qui sont chez eux en usage. Les principaux consistent dans l'art de bander l'arc, de manier le sabre & sur-tout dans l'équitation. La lutte & l'escrime sont les spectacles du peuple. Outre ces exercices, il y a parmi eux des danseurs de corde, des joueurs de marionnettes, des jongleurs & des charlatans. Il est rare de voir des voltigeurs plus habiles & plus souples que les voltigeurs Persans. Quant aux jeux de hazard ils sont expressément defendus par la religion; & la police fait respecter cette défense par les amendes qu'elle impose aux joueurs.

Les Persans ont encore un divertissement solemnel qu'ils appellent la fête du *chatir*, ou valet de pied du Roi. Celui qui veut être reçu à cette place est obligé d'aller chercher entre deux soleils douze flèches, l'une après l'autre, attachées à une colonne plantée à une lieue & demie de diſtance de la porte du palais. Ainſi cette courſe eſt de trente-ſix lieues, & l'on ne peut être reçu valet de pied du Roi qu'après cet eſſai, qui ſe fait ordinairement avec le plus grand appareil. Le Roi encourage le coureur par ſa préſence, & lorſqu'il achève la courſe avant l'heure fixée, il lui fait préſent d'un calaat, habit royal que les plus grands ſeigneurs ſe font un honneur de recevoir & de porter.

On peut mettre au nombre des divertiſſemens de ce peuple la fête du nouvel an, qui ſe célèbre au retour de l'équinoxe du printems.

Les aſtrologues magnifiquement vêtus ſe rendent au palais royal une heure ou deux avant l'équinoxe pour en obſerver le moment, & à l'inſtant qu'ils donnent le ſignal, on annonce la fête au peuple par des décharges d'artillerie & de mouſqueterie. Les inſtrumens de muſique, les timbales, les cors & les trompettes font retentir l'air de leurs ſons. Tous les grands & les riches du royaume paſſent cette fête dans les repas & l'allégreſſe; mais la ſolemnité éclate ſur-tout à la cour qui eſt à cette époque plus pompeuſe & plus magnifique qu'en aucun autre tems de l'année. Les Perſans entr'autres noms qu'ils donnent à cette fête l'appellent la fête des habits neufs. Cette fête dure huit jours pendant lesquels on s'envoie réciproquement des œufs peints & dorés, & cette coutume immémoriale tire son origine, suivant les Persans, de ce que l'œuf marque le commencement des choses. Après le moment de l'équinoxe passé, les grands vont souhaiter la fête au Roi, & chacun lui fait un présent proportionné à son emploi & à ses richesses. Les gouverneurs des grandes provinces emploient aussi ces huit jours à donner des fêtes, à recevoir les visites & sur-tout les présens de ceux qui sont sous leur dépendance, car la méthode invariable de l'Orient, est que l'inférieur donne au supérieur, & le pauvre au riche, depuis le laboureur jusqu'au souverain.

Les dévots Musulmans s'abstiennent de la licence qui règne pendant cette fête; ils la passent au contraire dans la pratique des exercices de la religion, & ils y sont d'autant plus portés que l'inauguration d'Ali à la succession de Mahomet se célèbre aussi à cette époque.

Les arts libéraux & mécaniques sont, pour ainsi dire, brutes en Perse, en comparaison du haut degré de perfection où l'Europe les a portés; & ce royaume qui vit autrefois fleurir dans son sein les peintres, les sculpteurs & les architectes les plus habiles, car il est aisé d'en

juger

juger par les ruines éparses dans cet empire, ce royaume, dis-je, peut à peine se glorifier aujourd'hui de posséder un artiste qui connoisse les règles du dessin & de la perspective. La religion s'oppose encore au progrès de ces arts ; elle leur défend de faire des portraits de créatures humaines , & les docteurs étendent même cette défense jusqu'à la représentation de créatures animées. Cependant on voit quelques peintres de portraits, mais ils ne savent ni ombrer leurs tableaux , ni donner aux figures les attitudes qui leur conviennent. Leurs peintures de fleurs sont néanmoins admirables par le coloris, & j'attribue cette qualité précieuse tant aux matières premières que les Perſans ont toujours fraîches & nouvelles, qu'à la ſalubrité de l'air qui rarement altère la beauté de leurs couleurs. Quant à la ſculpture elle eſt tout-à-fait tombée en Perſe, & ce peuple n'a plus ni ſtatuaires, ni fondeurs. Leur architecture n'offre aucune autre beauté remarquable que les peintures d'or & d'azur qui en ornent les reliefs. Les maiſons de Perſe ne ſont point bâties en pierre ; non pas que la pierre ſoit rare en Perſe, mais elle n'eſt pas une matière convenable aux édifices dans les pays chauds. Elles ne ſont pas non plus conſtruites en charpente, à l'exception des plafonds, des colonnes & des pilastres. Les Persans ne se servent dans leurs bâtimens que de briques durcies au soleil ou cuites au feu; & comme leurs maisons ne sont enduites que de simple mortier au-dehors, elles sont fort éloignées d'avoir un aussi bel aspect que les nôtres, mais en dedans elles sont gaies & commodes. Elles sont élevées à quatre pieds du sol, disposées à quatre faces & exposées aux quatre vents. Les plus exhaussées n'ont qu'un seul étage. Un parapet profond de sept à huit pieds règne autour du corps de logis, qui consiste ordinairement en un salon construit au milieu & en quatre grandes sales aux côtés, ouvertes de haut en bas. Ces sales sont des espèces de porches ou portiques, dans lesquels trente ou quarante personnes peuvent être assises à l'entour sur une ligne. Au coin de ces portiques il y a de petites chambres basses où le jour n'entre que par des portes très-larges. Dans toutes les maisons, même dans celles du peuple, on voit des bassins d'eau solidement construits & enduits d'une chaux noire qui devient avec le tems plus dure que le marbre. La menuiserie & la boiserie des maisons ne consistent qu'en des portes & en des châssis sans pentures ni serrures; car les Persans n'ont point l'usage des serrures de fer. Elles sont de bois ainsi que les clés. Le comble de l'édifice est toujours en voûte, & les maçons Persans excellent dans la construction de ces dômes. Les voûtes sont basses & applaties, parce que d'ordinaire on fait le dessus en terrasse en remplissant l'espace qui est entre les coupoles. C'est sur ces terrasses que les Persans prennent le frais ; ils y couchent même durant les chaleurs excessives. Le climat de Perse est favorable à la conservation des édifices, & ils dureroient aussi longtems qu'on voudroit les entretenir. Mais les Persans n'aiment point à habiter les maisons qu'ont occupées leurs pères ; ainsi les édifices se renouvellent souvent en Perse pour cette raison, & parce qu'en outre les bâtimens entraînent bien moins de frais que les nôtres.

Il est cependant quelques arts mécaniques où les Persans excellent par-dessus les autres peuples de l'Asie. On vante avec assez de fondement leurs brodeurs, leurs lapidaires, leurs ouvriers en fer & en acier, leurs tourneurs & sur-tout leurs armuriers. Les arcs de Perse sont les plus beaux & les plus estimés de tout l'Orient. Quant à l'orfévrerie, elle est mal entendue des Persans, & l'horlogerie leur est pour ainsi dire inconnue. Ainsi l'on peut assurer en général que les arts ne marchent point en Perse à la suite des sciences ; cependant lorsque l'on considère le luxe de ce peuple induſtrieux, il eſt à croire qu'ils s'y perfectionneroient facilement, à la faveur de quelque révolution religieuſe ou politique.

Cette révolution ne feroit pas moins avantageuſe aux ſciences que cultivent les Perſans. Car ſi le coran leur interdit l'exercice & même la connoiſſance de quelques arts libéraux, vous jugez qu'il leur permet encore moins de ſonder les myſtères de la nature que l'œil libre du génie peut ſeul approfondir. Vous avez vu combien ce peuple étoit infatué de la divination : auſſi les Perſans diſtinguent-ils l'aſtronomie & l'aſtrologie, & ils n'apprennent la première qu'ils appellent la ſcience des aſtres que pour l'amour de la seconde qu'ils en nomment la révélation. Le nombre des astrologues est multiplié en Perse; & les pensions dont ils jouissent coûtent plus de quatre millions par année au souverain. Le principal ouvrage de ces astrologues est l'almanach Persan. Cet almanach est proprement un composé d'astronomie & d'astrologie judiciaire, qui renferme, outre les thêmes célestes de toute l'année, des pronostics sur les plus notables événemens, pronostics conçus, ainsi que les oracles anciens, en termes louches & équivoques, de manière qu'ils puissent sauver la réputation des augures.

Les astrologues en Perse sont

extraordinairement jaloux des médecins qui font leurs rivaux en puiffance, en richeffes & en réputation. Les orientaux ont toujours fait un cas fingulier de la médecine, & il ne faut point douter qu'ils ne foient les plus anciens médecins de l'univers. Cet art eft aujourd'hui auffi accrédité dans cet empire qu'il le fut jadis. Ceux qui fe livrent à cette étude font en grand nombre, & l'on dit communément en Perfe que les aftrologues & les médecins dévorent le pays. L'aftrologie & la médecine fe livrent ici un combat continuel. Mais l'une dépend abfolument de l'autre ; car fi le médecin veut fuivre dans la guérifon de fes malades les phénomènes de la maladie, l'astrologue veut qu'il consulte le cours des astres dans l'administration des remèdes, & les Persans sont si entêtés de l'astrologie qu'ils désobéiroient aux ordonnances du médecin, si l'astrologue assuroit que les constellations ne sont pas favorables à leur exécution. Les astrologues Persans disent assez plaisamment que leur sort est bien rude en le comparant à celui des médecins, parce que le ciel éclaire les fautes qu'ils peuvent faire, tandis que la terre couvre celles de leurs rivaux.

La chirurgie, cet art si utile & dont les connoissances se sont si prodigieusement étendues en Europe, n'est presque point exercée chez les Persans. Mais il faut observer que la bonté du climat rend cet art bien moins nécessaire en Perse, parce que l'air y sèche en peu de tems les plaies, & que les maladies provenant de la corruption des humeurs, y sont aussi rares qu'elles sont communes dans nos contrées. Les médecins de Perse usent d'ailleurs très-sobrement de la saignée. Cette opération chirurgicale s'exécute ici par le ministère des barbiers, au grand jour; au milieu des rues & sans accident. Au surplus une des causes principales de l'opulence des médecins, c'est qu'ils sont aussi droguistes & apothicaires; car les Persans doivent encore à la salubrité de leur climat l'abſence d'une infinité de maladies qui règnent dans les régions moins favoriſées de la nature ; & ils jouiroient d'une ſanté preſqu'inaltérable s'ils étoient modérés dans l'uſage des fruits, des alimens rafraîchiſſans & ſur-tout dans les plaiſirs de l'amour. Leurs remèdes ſont en petit nombre, mais pleins d'eſprit & d'efficacité. Ils ont un fréquent recours aux cordiaux, & l'uſage univerſel des bains ne leur eſt pas moins ſalutaire. Quant à la chimie ils n'y puiſent aucuns remèdes, ne connoiſſant que la partie ſuperſtitieuſe de cette ſcience, & s'y livrent avec autant de bonne foi, autant de conſtance & auſſi peu de ſuccès que tous les ſectateurs de la pierre philosophale se livrent à cette recherche imaginaire.

LETTRE CCII.

D'Ispahan.

LA morale, Madame, est de toutes les sciences humaines celle que les philosophes Persans cultivent avec le plus de succès. Résignés dans l'adversité, ils parlent de la mort sans trouble & l'affrontent sans crainte. La patience, la force, la tempérance sont des vertus dont l'exercice leur est familier. Ennemis de l'avarice, ils pratiquent religieusement l'hospitalité ; enfin ils recommandent souverainement la justice & sur-tout aux monarques. Une de leurs belles maximes à ce sujet est qu'au jour du jugement le procès des Rois s'instruira uniquement sur le point de la justice.

Les peuples de l'Orient ont de tout tems renfermé leur morale dans des maximes courtes & remplies d'antithèse, mais ils l'ont enseignée plus communément encore, par des fables allégoriques; car la vérité qui n'approche que voilée du trône des rois ou du palais des grands, a sur-tout besoin d'être déguisée à la cour des souverains Orientaux, où le despotisme semble l'avoir punie d'un exil éternel. Leurs auteurs moraux sont peu connus, mais ils se glorifient encore de la naissance du célèbre Lockman que plusieurs littérateurs distingués prétendent être l'Esope des Grecs, ou qui du moins a précédé celui-ci, & lui a fourni la matière de ses apologues ingénieux & immortels.

La vie sédentaire que mènent presque tous les peuples Orientaux s'est toujours opposée en Perse aux progrès de la géographie; d'où il résulte que leurs connoissances historiques sont très-bornées. Les Persans ont une ignorance profonde sur tous les peuples éloignés d'eux; l'histoire même de leur pays leur est à peine connue, & leurs principaux historiens n'observent quelque ordre chronologique dans leurs ouvrages que depuis l'époque de la révolution opérée par Mahomet. On peut dire qu'avant ce tems leurs relations historiques ne sont que des recueils d'anecdotes fabuleuses ou romanesques, & auxquelles il est impossible d'ajouter la moindre croyance. Leur ouvrage principal dans le genre de l'histoire est le *Chanahmé* ou l'histoire des Rois. Elle est écrite en vers & généralement très-estimée dans tout l'Orient. L'auteur s'appeloit *Ferdous*; il étoit originaire de Tus, ville de la Bactriane, frontière de la petite Tartarie orientale, & qui a produit un grand nombre de savans. Cet auteur vivoit au commencement du cinquième siècle de l'ere Mahomérane, fous le règne du Sultan Mahomet Kafnevy, qui étoit alors prince fouverain de cette partie de la Perfe. Ferdous mit quarante ans à compofer cet ouvrage, qui contient foixante-fix mille vers. Le Sultan Kafnevy donnoit deux piſtoles par vers à cet auteur laborieux, & je me garderai bien d'offenfer fes mânes en difant que fa prolixité étoit peut-être proportionnée à la générofité du monarque.

Je n'ai pas befoin fans doute de vous faire reffouvenir que la poéfie étoit autrefois l'idiome de tous les gens lettrés de l'Orient. Ainfi les premiers philofophes de la Perfe en ont été les poëtes; ce fut en vers que les auteurs de cette contiée écrivirent leur histoire ainsi que leur morale, & le talent enchanteur de la poésie est encore aujourd'hui la partie de la littérature dans laquelle les Persans conservent une supériorité distinguée.

Comment les Persans ne réussiroient-ils pas dans la poésie ? Ils sont doués d'un grand naturel ; leur génie est gai & ouvert, leur imagination vive & féconde, leurs mœurs sont affables, polies & portées à l'amour ; enfin leur langue a la douceur propre & requise pour le charme des vers. Les Persans en effet ne se contentent pas d'admettre la poésie dans leurs ouvrages de prose, ils l'introduisent aussi dans la conversation, ils sont convaincus que la verſification donne plus de grace aux belles penſées & qu'elle les imprime plus ſûrement dans la mémoire. Vous ſavez qu'un des moyens dont on ſe ſervoit chez les anciens pour conſerver le ſouvenir des grandes actions, étoit d'en compoſer des eſpèces dé cantiques, qu'on chantoit dans les aſſemblées ou dans les feſtins; cet uſage eſt encore preſque univerſellement pratiqué en Perſe. Le ſiècle de la vie paſtorale y ſubſiſte même aujourd'hui, & l'on y rencontre quelquefois des poſſeſſeurs de nombreux troupeaux qui rappellent les premiers jours & le premier état des patriarches Rois de l'Aſie. La poéſie Perſanne eſt pleine d'irrégularité, de licences poétiques, mais elle est remplie de noblesse & d'élévation & représente fortement à l'esprit tous les objets qu'elle veut peindre. Aussi les Persans disent-ils par métaphore un poëte peintre, un poëte sculpteur. Les principaux poëtes Persans sont Afez & Sahdy. Afez est si estimé pour la poésie, qu'on donne encore le surnom d'Afez à ceux qui font bien des vers. Le mérite de Sahdy consiste dans la sagesse qui respire dans ses ouvrages; c'est le premier auteur que l'on met entre les mains des jeunes gens, à cause de la saine morale dont il est rempli. Mais l'austérité de la morale n'exclut pas chez les poëtes Persans les beautés de l'imagination. Leur poéfie n'eſt point eſclave & retenue comme celles de pluſieurs langues modernes, & les principes de la philoſophie s'y allient ſans contrainte aux figures ſublimes & hyperboliques, & aux expreſſions les plus vives & les plus pompeuſes. Enfin pour achever l'éloge de la poéſie Perſanne, il ſuffit de vous obſerver qu'elle eſt la plus eſtimée de tout l'Orient. Ce peuple poete a auſſi ſes mathématiciens célèbres; mais ſi l'on convient que les Orientaux furent les inventeurs des mathématiques & de l'algèbre, il faut convenir auſſi qu'ils ſont maintenant bien éloignés de la perfection que ces ſciences ont reçue en Europe. Le Pascal des Persans est le docte Coja-Nessir. Cet auteur naquit il y a six cens ans à Tus, ville de l'ancienne Bactriane, aujourd'hui appelée Metched, la même ville qui donna le jour à Ferdous, l'historien célèbre de la Perse. Il fut pendant plusieurs années le chef de toutes les académies de l'empire des Tartares, alors très-étendu. Nessir écrivit sur toutes les sciences, il a même traité de la morale & de la philosophie : mais ses ouvrages sur la géométrie & sur l'astronomie sont les plus estimés. Il a composé des tables astronomiques qui portent son nom ; & ce qui rend encore cet auteur recommandable, c'est qu'on assure qu'il savoit fort bien le Grec & le Latin, langues totalement perdues chez les Persans & qu'ils ne connoissent que par d'anciennes traductions.

Les Persans ont encore un grand nombre d'auteurs anciens, mais ils en ont peu de modernes, & ils s'en faut bien que leurs bibliothèques soient aussi nombreuses que les nôtres, soit parce que l'art de l'imprimerie leur manque, soit plutôt parce que leur génie épuisé ne fait plus aucunes découvertes dans les sciences, & que l'esclavage religieux & politique a tari chez eux les sources de l'imagination.

LETTRE CCIII.

D'Ispahan.

Le climat de la Perse dont j'ai eu si souvent occasion, Madame, de vous vanter les avantages, seroit sans doute plus favorable qu'aucune autre région de l'univers au commerce & à l'agriculture, si les Persans mettoient à profit tous les bienfaits dont la nature les a comblés. Mais outre qu'ils sont voluptueux & insoucians, l'expérience démontre tous les jours que ces deux arts fleurissent rarement chez une nation soumise au joug du despotisme, tandis qu'ils sont les deux puissans ressorts d'un peuple libre.

La

La Perse ne manque point cependant de manufactures. On en rencontre de fort belles en coton, en poil de chèvre, en poil de chameau, en laine & particulièrement en soie. Comme la soie est une matière abondante & commune en Perse, les Persans se sont exercés à la bien travailler, & c'est à quoi ils réussissent le mieux. Leurs ouvriers connoissent l'usage des moulins, des fuseaux & des tours. Je ne parlerai point de toutes les étoffes ordinaires qu'ils fabriquent soit en soie pure, soit en soie mêlée avec du coton ; mais une de leurs étoffes les plus riches est le brocard d'or. Cette étoffe est d'une cherté excessive ; il est vrai que l'on n'en voit pas la fin, & que l'or & l'argent conservent toujours leur éclat & leur couleur. Après ces manufactures, une de leurs principales consiste dans ces tapis que nous appelons tapis de Turquie parce que c'étoit par la Turquie qu'on les faisoit venir, avant qu'on négociât en Perse par le grand Océan. Ils fabriquent aussi beaucoup d'étoffes de poils de chameau & de chèvre, mais ils n'ont pu parvenir encore à faire le drap. Quant à leurs toiles de coton, elles ne sont pas aussi fines que celles des Indes, & comme ils n'excellent point à les peindre aussi bien que les Indiens, ils aiment mieux les tirer de ces pays parce qu'elles leur reviennent à très-bon marché, & qu'ils ne gagneroient rien à perfectionner cette sorte de manufactures. Mais ils impriment supérieurement en or & en argent les toiles, les taffetas & le satin ; ce qu'ils font avec des moules. Ils y représentent des lettres, des fleurs & des figures, & cette manière d'imprimer est si admirable qu'on la prendroit pour de la broderie d'or ou d'argent.

Si quelque chose doit étonner lorsque l'on considère combien peu le commerce de Perse est étendu, à proportion de la grandeur de cet empire, c'est que cette profession est très-honorable en Orient & qu'elle est aussi la moins exposée au changement. Car dans un pays où la naissance n'élève point de préjugés désavantageux entre les différentes professions de la vie, & où d'ailleurs l'autorité attachée aux charges & aux dignités ne sauroit durer plus long-tems que les emplois dont la possession elle-même est encore si précaire & si incertaine, il résulte naturellement que le négoce est un état stable & indépendant. Les grands seigneurs l'exercent & le Roi même. Ils ont leur commis ainsi que les marchands, leurs navires & leurs magasins. Le Roi de Perse vend & envoie vendre aux pays voisins de la soie, des brocards, des tapis & des pierreries. Le nom de marchand en Orient est un nom respecté, mais il ne se donne qu'à ceux qui ont des commis ou des facteurs dans les contrées les plus éloignées. Les marchands sont quelquefois élevés aux charges importantes de l'état, & l'on choisit ordinairement parmi eux les ambassadeurs. Il y a des marchands en Perse qui ont des commis dans toutes les parties du monde. Ces commis ont une grande vénération pour leurs maîtres ; ils se tiennent debout en leur présence, ils les servent même à table, quoique la plupart de ces commis soient eux-mêmes très-riches. Cependant les Mahométans ne sont pas les principaux marchands de Perse. Les Persans ne font guère le commerce qu'avec les pays voisins & les Indes.

Les Chrétiens, les Guèbres & surtout les Arméniens sont ceux qui exercent le négoce étranger. Vous avez déjà vu que la soie étoit une des plus abondantes comme aussi une des plus précieuses marchandises de Perse. On tire aussi de ce pays beaucoup de poil de chameau que les Européens appellent laine de chevreau. La Perse envoie dans les Indes du tabac, des fruits de toutes sortes, secs & confits, des dattes, des vins, des eaux distillées, des chevaux, des plumes, de la porcelaine & du maroquin de toutes couleurs. Cette dernière branche de commerce s'étend en Moscovie & en d'autres pays de l'Europe. Le commerce des Persans avec la

Turquie du côté de l'ancienne Babylonne & de Ninive embrasse aussi un grand nombre d'objets, mais moins précieux. Ils envoient dans cette contrée du tabac, de la noix de galle, du filet, de grosses étoffes de poil de chèvre, des nattes, des roseaux, de l'acier, du fer en barre & travaillé, enfin toutes sortes d'ouvrages de buis. La Moscovie tire aussi de la Perse beaucoup d'étoffes de soie & de coton, & des fournures de mouton.

Les marchands Orientaux exercent le commerce d'une manière grande & distinguée ; car, outre qu'ils envoyent leurs commis dans toutes sortes de climats, sans sortir du lieu de leur séjour où ils se tiennent comme au centre de leurs grandes affaires, ils n'en traitent point eux-mêmes directement, mais par le ministère de courtiers. Ces courtiers ont la réputation d'être très-souples, très-intrigans & très-diffimulés. En un mot la bonne foi & le défintéreffement ne règnent pas chez eux comme dans les bourfes de nos grandes villes d'Europe. Les Mahométans appellent ces courtiers *Delal*, c'eft-à-dire, parleurs. La manière dont ils font leur marché mérite d'être rapportée. Elle reffemble affez à celle des mineurs de Golkonde. Après avoir bien raifonné & difcouru en préfence du vendeur, ce qui fe paffe le plus fouvent dans fa maifon, car il n'y a point de bourse ni de place de change en Perse, ils font le prix avec les doigts. Ils se tiennent par la main droite, couverte de leur manteau ou de leur mouchoir & s'entreparlent de la main seulement. Le doigt étendu vaut dix; le doigt plié, cinq; le bout du doigt, un; la main entière, cent; la main pliée, mille. Ils marquent ainsi livres, sols & deniers en se maniant la main. Pendant ce muet pourparler ils ont le visage rassis & immobile au point qu'il est impossible d'y lire aucunement ni ce qu'ils pensent, ni ce qu'ils disent.

Plusieurs obstacles s'opposent aussi au progrès du commerce chez les Persans, & la plupart viennent encore du culte qu'ils ont embrassé. Le Mahométisme leur défend de manger, de boire & même de toucher un infidèle ; il leur défend aussi le prêt à intérêt. Comme l'apôtre de la Mecque fonda sa religion dans un pays dont toute la richesse & le trafic étoient en bétail & en haras, & qu'ainsi tout le commerce se faisoit par échange, le législateur ne trouva point d'inconvénient à défendre le prêt à intérêt. Les commentateurs du coran n'ayant point expliqué cette défense, elle est demeurée dans toute sa force. Cependant cette dernière loi n'est point observée à la rigueur aujourd'hui & les commerçans l'éludent en Perse très-fréquemment.

On peut aussi attribuer le peu d'extension & d'activité du commerce d'Orient, à ce que les postes n'y sont point établies comme en Europe. Il faut dépêcher des exprès pour toutes sortes d'affaires, & quelque diligence que fassent ces messagers, on sent assez qu'ils ne peuvent point suppléer à un établissement aussi expéditif que celui des postes.

Pour terminer mes observations sur le commerce Persan, il me reste à vous parler des avantages dont jouit cette profession dans ce pays. Je vous ai fait observer qu'elle étoit respectée, mais la personne même des négocians est pour ainsi dire sacrée en tout tems & même pendant la guerre. Ils ont le privilege de paſſer librement, eux & leurs effets au milieu des armées, & la ſûreté des chemins dans toute la Perſe eſt inviolable à leur égard.

Les Perſans ont deux ſortes de monnoie, la monnoie d'argent & la monnoie de cuivre. Les pièces d'or n'ont point de cours, car on n'en frappe qu'à la fête du nouvel an & à l'avénement des Rois à la couronne. Ces pièces ſont regardées comme les jettons en France & n'entrent point dans le commerce. Les Perſans comptent par dinar, biſty & tomans, quoiqu'ils n'ayent point de pièces de monnoie ainſi appelées. Un biſty vaut dix deniers & un toman dix mille deniers.

deniers. Le mot dinar, qui veut dire argent en général & denier en particulier, est usité dans toutes les langues de l'Orient La monnoie courante est ordinairement au titre de la monnoie d'Espagne. Le chayé qui est la plus petite monnoie d'argent vaut quatre sous & demi de notre monnoie ; le mamondy vaut deux chayés, l'abbassy quatre chayés, & le toman, qui n'est qu'une monnoie fictive, cinquante abassis ou dix mille deniers. Toman est un terme de la langue des Usbecks qui signifie dix mille, parce que es Tartares qui dominoient jadis ans l'Orient comptoient leurs troues par dix mille. Leurs camps 'toient aussi départis par dix mille hommes de troupe effectifs & ils jugeoient de la grandeur d'un prince par le nombre de romans qu'il avoit sous sa puissance. La monnoie de cuivre courante en Perse porte le nom des kasbequi & demi-kasbequi. Le kasbequi répond à la dixième partie d'un denier.

La monnoie en Perse se fait au marteau; on n'y connoît point le moulinet. Le poids des pièces est par-tout très-égal & assez proportionnellement le même dans toutes les provinces. Cependant le droit de monnoyage y est exorbitant; il monte à sept & demi pour cent. L'empreinte de la monnoie d'argent, ainsi que celle des grands sceaux de l'état, contient d'un côté, dans le milieu, la profession de foi Persanne, en ces mots ; il n'y a de dieu que dieu, Mahomet est le prophète de dieu, Aly est le lieutenant de dieu. Autour sont imprimés les noms des douze Imans. Sur le revers on lit le nom du roi, & la date du lieu & de l'année. La monnoie de cuivre a d'un côté le hiéroglyphe de Perse, qui est un lion avec un soleil levant sur son dos ; & de l'autre le tems & le nom du lieu où la pièce a été frappée.

Les Persans n'ont point de mesure de quantité, parce qu'ils vendent tout au poids, même les liqueurs. Ils n'ont point non plus de mesure pour le tems ; car, ainsi que je vous l'ai déjà obfervé, ils ne fe fervent ni d'horloges ni de cadrans folaires, & ils divifent le jour en huit parties qui font indiquées dans les villes par les cris des prêtres Mahométans qui appellent le peuple à la prière.

La lieue Perfanne eft de trente ftades ou de fix mille pas ; c'eft cette lieue que nous connoiffons par le terme de parafange, qui dérive des mots Perfans fars-eng, c'eft-à-dire pierre de Perfe, parce qu'anciennement les lieues étoient marquées par de grandes & hautes pierres. C'eft ainfi que tout rappelle dans ce pays les noms & les ufages de l'antiquité.

LETTRE CCIV.

D'Ispahan.

LE royaume de Perse, Madame, est si étendu qu'il n'est pas possible qu'il n'y existe d'étranges variétés dans la nature du terroir. On y sème & on y moissonne en divers lieux dans la même saison. Mais comme le climat y est en général sec & ardent, la fertilité des terres de cet empire dépend en grande partie de l'irrigation.

On distingue en Perse quatre sortes d'eaux, les eaux des rivières, des sources, des puits & des canaux souterrains. On peut dire que les Persans excellent dans la consruction de ces derniers conduits. Ils creusent au pied d'une montagne pour y trouver de l'eau, & lorsqu'ils en ont rencontré un filet, ils le conduisent par des canaux souterrains l'espace de huit à dix lieues, & ils ont soin de diriger cette eau d'un terrein élevé vers un terrein bas, afin qu'elle coule plus facilement. Ces conduits ont ordinairement huit à neuf pieds de profondeur, & deux à trois pieds de largeur. Ils étoient autrefois multipliés dans ce royaume, & rien ne constate plus sûrement l'état de décadence actuelle de la Perse, que la diminution du nombre de ces canaux. La distribution de l'eau se fait de cette manière. On met sur le canal qui conduit l'eau dans le champ une taſſe de cuivre ronde, fort mince & percée d'un petit trou au centre, par lequel l'eau entre peu-à-peu. La meſure eſt remplie lorſque la taſſe va au fond, & l'on recommence juſqu'à ce que la quantité d'eau convenue ſoit entrée dans le champ. La taſſe eſt ordinairement trois heures à s'enfoncer. Cette invention ſert d'horloge dans les maiſons des grands, où l'on fait la garde. Les jardins paient pour avoir de l'eau par mois ou par ſemaine. L'eau ne manque point d'être envoyée au jour nommé, & alors chacun ouvre le canal de ſon jardin pour y recevoir l'eau. Comme on arroſe ſouvent tout un canton à-la-fois, il feroit très-facile de détourner l'eau du jardin de fon voifin ; mais cette fraude eft défendue fous les châtimens les plus févères. La diftribution de l'eau eft réglée & furveillée avec la plus grande exactitude par le Mirab de la province. Cependant on ne l'obtient que par des préfens ; auffi la charge de Mirab eft-elle très-importante & très-lucrative ; car outre les préfens qui ont lieu dans les années communes, le Mirab tire auffi avantage des calamités accidentelles, pour fe procurer des dons extraordinaires : ainfi c'eft du défintéreffement de cet officier que dépend en quelque forte la richeffe de la moiffon.

Indépendamment de l'irrigation

dont les Persans se servent dans la culture de la terre, ils ont la stercoration si estimée des Romains dans le labourage, & usitée dans les provinces méridionales de la France. Il n'y a point en Perse d'égoûts publics, mais chaque maison a le sien, & la sécheresse de l'air en rend l'odeur presque insensible. Ces égoûts sont exactement nettoyés par les paysans lorsqu'ils reviennent du marché ; un présent en fruit qu'ils font au propriétaire leur en obtient la permission.

Par le moyen de cette culture le terrein sablonneux & argilleux de plusieurs provinces de la Perse est propre à toutes les sortes de semence ; & même la terre n'est jamais en repos aux environs des grandes villes; car dès qu'un grain est cueilli, l'on en resème un autre.

Les grains les plus communs en Perse sont le froment qu'ils ont très-beau & très-pur, l'orge, le riz & le millet dont on fait aussi du pain en quelques endroits. L'avoine & le seigle ne sont cultivés que dans l'Arménie.

Dans les pays froids de la Perse, l'usage des habitans est d'enterrer la vigne pendant l'hiver & de la découvrir au printems, tandis que dans les pays chauds on pourroit dire qu'elle ne reçoit aucune culture; car elle croît autour des arbres de haute futaye, & cependant elle porte le raisin le plus excellent & produit le meilleur vin du royaume.

La culture des melons n'est pas moins abondante en Perse que celle des grains, & elle est d'une très-grande utilité. Ce climat produit plus de vingt espèces de ce fruit. Une de ces espèces les plus renommées a une propriété si salutaire & si purgative que les médecins en recommandent un usage fréquent au mois d'avril. Les melons pendant la saison ordinaire qui dure quatre mois entiers sont avec les concombres la nourriture du pauvre. Pendant ces quatre mois, il en vient une si grande quantité à Ispahan, que je ne crois pas qu'il s'en mange autant dans toute la

France en une semaine qu'en cette ville en un jour.

Après les melons, les fruits excellens de Perse sont le raisin & les dattes. Ce dernier fruit croît dans l'Arabie en plus grande quantité que dans la Perse, cependant il n'approche pas en Arabie de la grosseur & de la qualité qu'il a en Perse. Les dattes croissent par grapes au haut du palmier qui est un arbre menu, mais le plus haut de tous les arbres fruitiers, & qui n'a de branches qu'à la cîme. Ces grapes pèsent trente à quarante livres & les dattiers portent jusqu'à quatre-vingt-quatre quintaux de ce fruit délicieux. L'arbre ne commence à rapporter des fruits qu'à quinze ans;

mais il en donne durant deux siècles.

Outre ces fruits étrangers à nos climats, la Perse jouit de tous ceux que l'Europe produit, & ces fruits seroient certainement plus beaux & plus savoureux que les nôtres, si les Persans entendoient le jardinage aussi bien que les Européens; mais ils ignorent l'art de la greffe, ainsi que la plantation des espaliers & des arbres nains.

La grenade tient un rang distingué entre tous les fruits de la Perse, & les oranges de Chiray ne le cèdent certainement pas aux oranges de Malthe.

Si ce pays est fertile en fruits, il ne l'est pas moins en fleurs de toute espèce qui l'emportent de beaucoup fur les nôtres par la vivacité de leurs couleurs. La partie orientale du Mazanderan n'eſt qu'un parterre depuis le commencement de ſeptembre juſqu'à la fin d'avril. On y voit des forêts d'orangers, des buiſſons de jaſmin & de roſe, des plaines convertes de tulipes, d'anemones, de renoncules & d'hyacinthes. D'après cette prodigieuſe variété des fleurs, on s'imagineroit aiſément que les Perſans poſsèdent les plus beaux jardins de l'univers; mais l'art eſt inconnu dans ce pays où la nature eſt ſi prodigue, & par une règle que j'ai trouvée conſtamment établie dans tous mes voyages, il ſemble que les habitans d'une contrée négligent presque toujours les avantages dont la nature les a comblés. Les jardins des Persans sont mesquins & irréguliers. On ne connoît en Perse ni la décoration des parterres ni l'alignement des allées ; on y connoît encore moins les cabinets de verdure, les labyrinthes, les terrasses, enfin tous les autres ornemens de nos vieux jardins. On peut attribuer cette ignorance au peu de goût que les Persans ont pour la promenade ; car ils n'entrent guère dans leur jardin que pour y respirer l'air ; ils s'y asseient à l'instant de leur arrivée & restent à la même place jusqu'à leur sortie.

Les Persans n'aiment pas mieux la promenade que les voyages. Cet exercice leur paroît infipide & ne leur eft pas même néceffaire. Auffi ne voit-on pas chez eux ces jardins publics où fe rendent journellement nos graves politiques & nos modernes Laıs. Ils ne font point tourmentés de l'inquiétude de favoir ce qui fe paffe dans les pays étrangers ; ils n'ont ni couriers d'Afie, ni gazette de Perfe, ni journaux d'Ifpahan, enfin aucun de ces papiers fi fidèles, fi véridiques & fi juftement admirés parmi les nations policées pour l'impartialité, le goût & le patriotifme qui infpirent leurs auteurs.

Cependant fi les jardins de la Perfe ne font pas comparables aux nôtres, ce n'eft pas que la nature ait refufé à ce climat les arbres propres à leur embellissement. On y rencontre aussi une quantité de ces plantes salutaires dont la médecine fait un si grand usage. La Perse produit un grand nombre de platanes, de sapins, de saules & de cornouilliers. Le platane est très-estimé des Persans; ils prétendent que cet arbre a la vertu d'écarter la peste & toute autre contagion aérienne; ils assurent même que depuis que l'on en a multiplié la plantation dans les rues & les jardins d'Ispahan, cette capitale a été préservée de tous fléaux épidémiques. C'est sans doute dans la même vue que cet usage s'est étendu à toutes les grandes villes de Perse.

L'arbre qui porte la noix de galle

n'est pas moins commun dans cette contrée que ceux qui produisent les gommes, les mastics & l'encens. On y voit aussi en plusieurs endroits le térébinthe, l'amandier & le tamarisc dont les feuilles distillent une sorte de manne très-recherchée. En un mot la vie d'un herboriste ou d'un médecin suffiroit à peine à la recherche des simples & des drogues médecinales dont les campagnes de Perse sont couvertes. La casse, le séné, la réglisse, la rhubarbe offrent aux malades, partout & en abondance, leurs sucs régénérateurs.

Mais parmi ces présens de la nature, on trouve des plantes & des arbrisseaux doués d'une funeste propriété. Tels sont le *gulbad-samour*, c'est-à-dire, fleur qui empoisonne le vent, & le kerlébré qui signifie fiel ou poison d'âne. On prétend que le premier de ces arbustes, dans les endroits où il croît en abondance, communique au vent une qualité contagieuse & mortelle pour ceux qui le respirent. Le second de ces arbrisseaux est le *nerium* des herboristes; les Persans l'ont surnommé poison d'âne, parce que son suc amer donne la mort aux animaux domestiques. On peut ranger dans cette classe dangereuse le pavot dont les peuples tirent une liqueur si perfide, & le tabac dont ils aiment à s'enivrer. Le terroir de Perse est très-favorable au saffran;

le meilleur est celui qui croît le long de la mer Caspienne.

Je pourrois mettre aussi au rang des drogues utiles aux enfans d'Esculape le bézoar dont les naturalistes Persans font un très-grand usage en médecine. Ils le regardent comme un excellent fébrifuge & comme un contrepoison universel. Aussi l'appellent-ils *pezaer*, mot Persan qui signifie vainqueur du venin. Le bézoar de Perse que l'on ne trouve guère que dans la province du Chorasan, le long du golphe Persique, est bien supérieur à celui que l'on recueille dans le royaume de Golkonde; & je vous observerai en même tems qu'aux Indes ce sont les chèvres qui donnent le bézoar, tandis qu'en Perse ce sont les moutons & les boucs qui le produisent. Le bézoar Persan est le plus cher & le plus estimé.

Parmi les plantes remarquables de la Perse, il faut distinguer encore le hannah, graine précieuse qui a le privilége de rendre la peau impénétrable à l'ardeur du soleil & à la rigueur de l'aquilon; le ronnas, racine rougeâtre que l'on emploie à la teinture, & que les Indiens les plus habiles teinturiers de l'Orient tirent de Perse; enfin le coton qui couvre presque entièrement la campagne, & qui est une des branches considérables du commerce Persan.

J'abrège, de peur d'être ennuyeux,

la nomenclature des plantes & des arbrisseaux qui croissent dans cet heureux climat où toutes les productions utiles & agréables se multiplient avec une variété si prodigieuse, qu'elles demanderoient chacune un historien particulier.

LETTRE CCV.

D'Ispahan.

Comme la Perse est un pays montueux ainsi que presque toutes les contrées de l'Asie, il n'est pas étonnant, Madame, que ce royaume abonde en métaux & en minéraux. Les métaux les plus communs en Perse sont le fer, l'acie, le cuivre & le plomb. L'or & l'argent y sont plus rares ; & même soit que le luxe & l'opulence des anciens Persans aient épuisé ces mines précieuses, soit que ce peuple paresseux ait négligé de les entretenir, l'exploitation en est entièrement abandonnée dans cet empire. Le fer de Perse est d'une assez bonne qualité, mais il est moins doux que celui d'Angleterre. Les mines d'acier sont d'un très-grand rapport, & elles seroient encore plus lucratives si les Persans savoient donner la trempe à l'acier ; car ce métal qui est très-fin & très-dur est presque aussi fragile en Perse que le verre ; & faute de savoir le tremper, les Persans n'en peuvent faire aucun ouvrage délié & délicat. Ils le mêlent avec l'acier des Indes, & c'est avec cet acier ainsi mélangé qu'ils fabriquent leurs belles lames damasquinées.

Le cuivre se trouve principalement dans les montagnes du Mazanderan. C'est le métal dont les Persans font un plus grand usage; & comme le cuivre de Perse est aigre, ils ont soin pour l'adoucir de l'allier avec du cuivre de Suède ou de Japon. On trouve aussi des mines de plomb dans ce royaume, & plusieurs de ces mines sont mélangées d'argent.

Les minéraux ne se trouvent pas moins abondamment en Perse. Ce pays produit avec profusion le soufre, le sel & le salpêtre. Le marbre, la pierre de taille & l'ardoise se tirent particulièrement du pays de Hamadan, qui est l'ancienne Suse. Quant au marbre il est en Perse de plusieurs sortes, blanc, noir, rouge & veiné de blanc & de rouge, mais le plus admirable & le plus recherché s'exploite aux environs de Tauris. Ce marbre est blanc, mêlé d'un verd pâle & presque aussi transparent que le cristal de roche. Mais la plus riche mine de Perse est celle des turquoises. Cette mine est située dans une montagne appelée le mont de Firouz, parce que ce fut pendant le règne de ce monarque qu'elle fut découverte. Nous appelons turquoise la pierre fine que l'on tire de cette mine, tandis qu'elle a conservé dans tout l'orient le nom de firouzé qui lui vient aussi de ce conquérant. On a depuis découvert une autre mine de ces sortes de pierres, mais elles ne sont ni si belles ni si vives que celles du mont Firouz. On les connoît sous la dénomination de turquoises nouvelles ou de la nouvelle roche. Celles de la vieille roche se conservent toutes pour le Roi ; mais comme les mineurs & les officiers préposés à l'inspection de ces mines en détournent autant qu'ils peuvent, il n'est pas rare de se procurer de ces pierres à très-grand marché.

La pêche des perles qui se fait dans le golphe Persique étoit autrefois une des sources de l'opulence de cet empire ; mais les Persans se sont laissé dépouiller de cette branche précieuse de leur commerce, qui est aujourd'hui presque uniquement fixée dans l'île de Baharem. Cette île partageoit jadis ce commerce avec Ormuz, Karek, Keshy & d'autres endroits du golphe ; tous ces bancs se sont épuisés & le sien seul n'a éprouvé aucune diminution sensible. Baharem a souvent changé de maître. Elle passa sous la domination des Portugais avec Ormuz, dont elle recevoit des loix. Ces conquérans la perdirent par la suite & elle éprouva depuis un grand nombre de révolutions. Thamas Kouli-Kan la rendit à la

Perse, à qui elle avoit appartenu. Ce célèbre usurpateur avoit alors le plus vaste plan de domination. Il vouloit règner sur deux mers dont il possédoit quelques bords ; mais s'étant apperçu qu'au lieu d'entrer dans ses vues ses sujets les traversoient, il imagina par une de ces volontés tyranniques qui ne coûtent rien aux despotes de transporter ses sujets du golphe Persique sur la mer Caspienne & ceux de la mer Caspienne sur le golphe Persique. Cette double transmigration lui paroissoit propre à rompre les liaisons que ces deux peuples avoient formées avec ses ennemis, & à lui assurer, sinon leur attachement, du moins leur fidélité. Sa mort anéantit ses grands projets ; & la confusion où tomba son empire, offrit à l'ambition d'un Arabe entreprenant la facilité de s'emparer de Baharem, où il règne encore. Le produit annuel de la pêche qui se fait dans les parages de Baharem, est estimée 3,600,000 livres. Les perles de Baharem sont moins blanches que celles des Indes, mais elles sont beaucoup plus grosses & d'une forme plus régulière. Et si elles tirent un peu sur le jaune, on ne peut leur disputer l'avantage de conserver leur eau dorée, tandis que les perles plus blanches perdent avec le tems beaucoup de leur éclat, sur-tout dans les pays chauds.

Quoique la pêche des perles n'appartienne plus aux Perfans, elles ne font cependant pas rares dans cet empire. Prefque toutes les femmes en font parées; la perle brille avec les rubis, les émeraudes, les topazes fur les habillemens du prince & des grands; elle orne auffi les felles & les harnois des chevaux.

Cette riche production a des noms pompeux dans tout l'Orient. Les Turcs & les Tartares l'appellent Margeon, mot qui fignifie globe de lumière, & les Perfans Mervarid, c'eſt-à-dire, production de la lumière: cependant vous favez que cette production lumineuſe n'eſt formée que par la maladie d'un petit animal renfermé dans un très-petit coquillage.

LETTRE CCVI.

D'Ispahan.

J'AI fait passer sous vos yeux, Madame, une partie des productions abondantes qu'offrent les végétaux & les minéraux de la Perse. Il me reste à vous parler du règne animal qui n'est ni moins fécond ni moins curieux que les deux autres. Un plus long séjour dans ce climat fortuné donneroit sans doute matière à des relations plus étendues que les miennes ; car chaque province de Perse demanderoit un tems considérable à un voyageur qui voudroit en décrire les particularités. J'ai tâché cependant que mes observations, quoiqu'en petit nombre, pussent vous faire connoître ce que la nature & les arts produisent de plus intéressant dans cet empire. Et si je resserre ainsi mes narrations, c'est que je crains le sort de ces ouvrages volumineux où les pavots croissent pour ainsi dire sous la main des lecteurs.

Il faut mettre le cheval à la tête des animaux domestiques de la Perse. Les chevaux de ce royaume sont les plus beaux de l'Orient. Ils sont plus hauts que les chevaux Anglois, & d'une brillante encolure. Leur allure est vive & légère, leur naturel doux & laborieux. Ils sont utiles à leurs maîtres jusqu'à vingt ans. Cependant les chevaux de Perse ne sont pas aussi recherchés que les chevaux Arabes, & s'ils surpassent ces derniers par la beauté de leur forme, les chevaux Arabes sont beaucoup plus légers & plus infatigables. Cette concurrence n'empêche pas que les chevaux Persans ne soient très-chers, parce que l'on en transporte beaucoup en Turquie & particulièrement aux Indes. On ne peut en transporter que par une permisson spéciale du souverain, comme aussi le Roi est le seul qui puisse tenir des haras en Perse ; car les gouverneurs & les intendans de province qui en ont à eux, les tiennent sous son nom. Le monarque en entretient un grand nombre dans tout son empire, mais particulièrement aux environs de Persépolis, où sont les plus beaux chevaux du royaume. Les Persans se connoissent bien en chevaux, & ont d'excellens palfreniers. Ils montent à la genette comme les Turcs & sont encore plus magnifiques que ce peuple dans leurs harnois.

Les Persans se servent aussi pour monture de la mule & de l'âne. Les mules sont très-bonnes en Perse, & d'une grande utilité dans les voyages, parce qu'elles se lassent rarement. Il y a deux espèces d'ânes dans ce pays. Les naturels sont lents & pesans, ils servent à porter des fardeaux ; mais les Perſans poſsèdent une race d'ânes d'Arabie qui ſont ſans contredit les premiers ânes du monde. Ces ânes ont le poil poli, la tête haute, les pieds légers & ils les lèvent avec action & avec fierté dans leur marche. On ne ſe ſert de cette eſpèce d'ânes que pour montures, & on les monte avec des ſelles & des étriers. Pluſieurs de ces animaux portent des harnois tout en argent ; cet ornement eſt ordinairement la récompenſe de la légèreté & de la douceur de leur allure. Des écuyers dreſſent ces bêtes à aller l'amble. Lorſqu'elles ſont dreſſées, elles vont ſi vîte qu'il faut galoper pour les ſuivre. Quelques-uns de ces animaux coûtent jusqu'à cinq cens livres, & l'on n'en vend guère au-dessous de cent écus. Les ecclésiastiques qui ne sont pas encore dans les charges ou dans les grands bénéfices, affectent d'aller montés sur des ânes, jusqu'à ce que leurs éminences soient portées sur des chameaux ou des coursiers.

Le chameau est un animal fort estimé chez les Orientaux qui l'appellent navire de terre-ferme, à cause des fardeaux considérables que cet animal sert à transporter. Les Persans distinguent deux sortes de chameaux, les septentrionaux & les méridionaux. Les méridionaux sont beaucoup plus petits que les autres, & ils ne portent

qu'environ

qu'environ sept cens, mais ils sont d'une auſſi grande utilité que les ſeptentrionaux, parce qu'ils ne coûtent preſque rien à nourrir. Le poil de chameau eſt la meilleure toiſon de tous les animaux domeſ- tiques; on en fait des étoffes très- fines, ainſi que des chapeaux lorſ- qu'il eſt mêlé avec le poil du caſtor. On a ſoin d'augmenter la charge de cet animal au tems de ſes amours; ſans cette précaution il ſeroit in- domptable, & on eſt même obligé de le morailler. Il ſaute & bondit alors ainſi que le cheval le plus léger, & mange beaucoup moins que dans les autres tems. Les fe- melles portent leurs petits onze à douze mois, & lorſqu'elles ont mis bas, on couche les petits sur le ventre, les quatre pieds pliés dessous, & on les tient pendant quinze ou vingt jours dans cette posture afin de les y accoutumer. Cette espèce d'animal est très-commun en Perse, & ce royaume en fait un très-grand commerce avec la Turquie. Les chameaux Persans n'ont qu'une bosse ; on en élève dans les parties méridionales & orientales du pays pour servir à la course. Les chameaux dressés à cet exercice vont au grand trot & si vîte qu'un cheval ne peut les suivre qu'au galop. C'est cette sorte de chameaux que les Hébreux appeloient chameaux volans. Une particularité remarquable dans l'éducation des chameaux, c'est qu'on leur apprend à marcher & qu'on les conduit avec une espèce de chant. Ces animaux règlent leurs pas à cette cadence, & ils accélèrent ou rallentissent leur marche suivant les différentes modifications de la voix qui les mène. Leurs conducteurs se servent aussi d'un mode particulier, lorsqu'ils veulent leur faire entreprendre une course extraordinaire.

Les bœufs de Perse sont conformés comme les nôtres excepté vers les frontières de l'Inde, où ils ont une bosse ou une loupe sur le dos. Cet animal sert ici à porter des fardeaux ou aux travaux de l'agriculture. On en mange peu dans le pays, & l'on ferre ceux que l'on élève comme bêtes de fomme, à caufe des montagnes pierreufes qu'ils font obligés de gravir & de defcendre.

Les chèvres & les moutons, furtout ceux qu'on appelle moutons de barbarie, abondent en Perfe. On y voit des troupeaux de ces animaux qui couvrent quatre à cinq lieues de pays. Prefque toute la Turquie eft pourvue de ce bétail par ces grands troupeaux ; mais comme la Perfe eft un pays découvert, les bêtes fauves n'y font pas en aufli grande quantité que dans nos climats ; cependant dans les pays de bois on rencontre beaucoup de cerfs, de gazelles, de daims

& de giraffes ; & le gibier est très-commun sur-tout dans la province de Carduel où les sangliers & les porcs se trouvent aussi en abondance.

Ce n'est également que dans les pays de bois que l'on trouve les bêtes féroces dont les climats ardens sont en quelque sorte peuplés. En effet, comme la Perse, ainsi que j'ai déjà eu occasion de vous l'observer, est un pays très-montueux, ce royaume est moins infesté de ces animaux terribles que certaines contrées de l'Asie. Cependant les lions, les tigres, les ours, les léopards y ont aussi leur séjour ; mais l'animal qui répand la plus grande terreur par son cri menaçant, c'est le *chakal* qui est vraisemblablement l'hyenne. Ce monstre s'acharne particulièrement sur les cadavres qu'il déterre avec une avide férocité.

Les Persans savent apprivoiser les bêtes féroces ; ils les dressent même à l'exercice de la chasse. Cette chasse mérite sans doute une description particulière. Chaque cavalier porte en croupe un de ces monstres qui est attaché par une chaîne les yeux bandés. Lorsque le cavalier apperçoit quelqu'une des bêtes que l'on relance, il débande les yeux de l'animal & lui tourne la tête du côté de la bête relancée. Si l'animal l'apperçoit, il jette un cri, s'élance sur la bête & la terrasse. Lorsqu'il la manque, il se rebute & s'arrête. Le cavalier est obligé pour lors de consoler en quelque sorte l'animal, de le caresser, & de lui faire entendre qu'il n'a pas manqué la bête par sa faute, mais parce qu'on la lui avoit mal indiquée. L'animal satisfait de cette excuse reprend courage & se dispose à une nouvelle attaque. On prétend même qu'il y a quelques-unes de ces bêtes, ainsi apprivoisées, qui employent la ruse dans cet exercice. Elles se traînent sur le ventre le long des buissons & des haies, jusqu'à ce qu'elles soient proche de leur proie, alors elles se lancent dessus & la terrassent.

Les chasses royales détruisent encore en Perse un grand nombre d'animaux féroces. Le nombre des morts se monte à sept ou huit cens dans les chasses ordinaires, & il y en a eu quelques-unes extraordinaires où l'on a tué jusqu'à quatorze mille bêtes.

La sécheresse de l'air empêche les insectes de se multiplier en Perse. Cependant j'y ai vu quelquefois l'air obscurci par des nuées de sauterelles. Elles sont rouges & pesantes. Les paysans se jettent dessus à mesure qu'elles tombent, les font sécher, les salent & s'en nourrissent.

On trouve aussi dans quelques cantons de ce royaume des scorpions gros, noirs & si venimeux que ceux qui en sont piqués meurent en peu d'heures. La Perse est encore désolée par plusieurs autres reptiles mal-faisans. Le plus horrible d'entr'eux est le lézard qui est long d'une aune & gros comme un crapaud. Cet animal dangereux a la peau rude & dure, & l'on m'a assuré qu'il attaquoit quelquefois les hommes & qu'il sortoit victorieux de cette attaque.

Le poisson d'eau douce n'est pas commun en Perse, d'abord parce qu'un petit nombre de fleuves arrose cet empire, & en second lieu parce que l'on tire tant d'eau de ces fleuves pour l'approvisionnement des canaux, que le poisson n'y fraie que difficilement. Il faut cependant excepter de cette règle le fleuve de Kur qui est très-poissonneux. On pêche dans les lacs de Perse des truites, des carpes & des aloses. Le barbot est le poisson le plus commun des rivières & des canaux. La rivière d'Ispahan donne un poisson très-délicat que l'on nomme cancres ou carangaises. Ce poisson monte aux arbres, il y vit même nuit & jour entre les branches, & c'est l'endroit où on le prend le plus ordinairement. Mais les Persans sont dédommagés du peu de fertilité de leurs rivières par l'abondance du poisson que la mer leur fournit. Il n'est peut-être point dans l'univers de mer aussi poissonneuse que le golphe Persique. On y pêche deux fois par jour le long de ses bords. Les pêcheurs vendent le poisson sur le rivage même, & ils rejettent dans la mer ce qu'ils n'ont point vendu à dix heures du matin, ou au coucher du soleil.

Le pelican est un des oiseaux admirables de la Perse. Cet oiseau à long bec est ici gros comme un mouton. Son plumage est blanc & doux, il vit de pêche, & on peut le mettre au rang des pêcheurs industrieux. Il attend le poisson sous des courans & le prend dans la nasse de son bec, ainsi que dans des filets. Les Persans l'appellent, porteur d'eau, parce qu'on assure que pour étancher la soif de ses petits, il va chercher de l'eau jusqu'à deux journées de chemin & la leur rapporte dans la poche de ce bec merveilleux.

La province de Chiras nourrit beaucoup d'oiseaux de proie. Les Persans excellent à dresser ces animaux. On compte jusqu'à huit cens oiseaux de proie entretenus à la venerie du Roi, qui ont chacun leur officier. Les grands seigneurs, à l'imitation du maître, en entretiennent aussi un grand nombre, mais ils se tiennent fort honorés lorsque le souverain leur envoie en présent quelqu'un de ces oiseaux. On attache aussi-tôt à l'illustre envoyé un chaperon de pierreries & des grelots d'or. Aussi la volerie est d'une grande dépense en Perse tant pour cette raison que parce que ces oiseaux y sont uniquement nourris de chair. Il faut vous observer en même tems que la chasse est un exercice libre en Perse, usage absurde & barbare qu'il faut sans doute attribuer à l'ignorance où sont les Persans des loix admirables que les nobles de certains pays éclairés ont faites à cet égard.

Telles sont les richesses & les productions de la Perse ; elles seroient plus considérables, sans doute, si l'industrie Européenne portoit ici son génie & son activité.

LETTRE CCVII.

D'Ispahan.

Les révolutions de la Perse sont assez nombreuses & assez célèbres pour exercer la plume de l'histoire; mais un voyageur éclairé peut recueillir quelques observations dans ce champ immense, & je m'imagine, Madame, que les premières réflexions qui lui viennent naturellement à l'esprit sont analogues à la décadence de cet illustre empire.

Cette vaste région, si fameuse dans l'antiquité, paroît avoir été libre dans sa plus ancienne forme de gouvernement. Sur les ruines d'une république corrompue s'éleva la monarchie. Les Perses furent long-tems heureux sous cette forme d'administration ; les mœurs étoient simples comme les loix. A la fin l'esprit de conquête s'empara des souverains. Alors les tréfors de l'Assirye, les dépouilles de plusieurs nations commerçantes, les tributs d'un grand nombre de provinces firent entrer des richesses immenses dans l'empire ; & ces richesses ne tardèrent pas à tout changer. Le désordre fut poussé si loin que le soin des plaisirs publics parut attirer l'attention principale du gouvernement.

Un peuple qui ne vivoit que pour la volupté, ne pouvoit tarder à être asservi. Il le fut successivement par les Macédoniens, par les Parthes, par les Arabes, par les Tartares, & vers la fin du quinzième siècle par les Sophis, qui pour se rendre le peuple favorable, prétendirent descendre d'Aly, auteur de ce schisme fameux, qui divise encore aujourd'hui les Musulmans.

Nul prince de cette nouvelle race ne se rendit aussi célèbre que Schah-Abbas, surnommé le Grand. Il conquit le Candahar, plusieurs places importantes sur la mer Noire, une partie de l'Arabie & chassa les Turcs de la Géorgie, de l'Arménie, de la Mésopotamie, enfin de tous les pays qu'ils avoient conquis au-delà de l'Euphrate.

Ces victoires produisirent des changemens remarquables dans l'intérieur de l'empire. Les grands avoient profité des troubles civils pour se rendre indépendans ; Schah-Abbas les abaissa, & confia tous les postes importans à des étrangers qui ne vouloient ni ne pouvoient former des factions. La milice étoit en possession de disposer du trône par son caprice ; ce conquérant la contint par des troupes étrangères qui avoient une religion & des habitudes différentes. Enfin l'anarchie avoit rendu le peuple enclin à la sédition ; on plaça dans les villes & dans les campagnes des colonies choisies entre les nations les plus opposées aux anciens habitans par les mœurs & le caractère. Ces changemens politiques firent éclore le despotisme le plus absolu, peut-être, qu'ait jamais éprouvé aucune contrée.

Ce qui est étonnant, c'est que le grand Abas ait sû allier à ce gouvernement oppresseur de sa nature, quelques vues d'utilité publique. Il appela tous les arts à lui & les établit à la cour & dans les provinces. Tous ceux qui apportoient dans ses états un talent, quel qu'il fut, étoient sûrs d'être accueillis, d'être aidés & récompensés. Ce prince disoit souvent que les étrangers étoient le plus bel ornement d'un empire & donnoient plus d'éclat au souverain que les magnificences du luxe le plus recherché.

Pendant que la Perse sortoit de ses ruines par les différentes branches d'industrie qui s'établissoient de toutes parts, une colonie d'Arméniens, transférée à Ispahan, portoit au centre de l'empire l'esprit de commerce. Bientôt ces négocians se répandirent dans l'Orient, ils se rendirent ensuite en Hollande, en Angleterre, dans la Méditerrannée & dans la Baltique, ils connurent enfin toutes les nations où les affaires étoient vives & considérables. Le Sophi s'associoit lui-même à leurs entreprises, & leur avançoit de grandes sommes qu'ils faisoient valoir dans les marchés les plus renommés de l'univers.

Les Portugais, maîtres d'Ormuz, s'apperçurent qu'une partie du commerce des Indes avec l'Asie & avec l'Europe alloit prendre sa direction par la Perse; ils voulurent donc mettre des entraves aux entreprises de ces nouveaux négocians. Ils ne souffroient pas que le Persan achetât des marchandises ailleurs que dans leurs magasins, ils en fixoient le tarif; & s'ils lui permettoient d'en tirer quelquefois du lieu de la fabrication, c'étoit toujours sur leurs vaisseaux, & en exigeant un frêt & des droits énormes. Cette tyrannie révolta le Grand Abas, qui, instruit du ressentiment des Anglois, leur proposa de réunir leurs forces de mer à ses forces de terre, pour assiéger Ormuz. Cette place fut attaquée par les armes combinées des deux nations & prise en 1622, après deux mois de combats. Les conquérans s'en partagèrent le butin qui fut immense, & la ruinèrent de fond en comble.

Schah-Abas voulut ensuite créer un entrepôt pour le commerce qu'il se proposoit de faire aux Indes. Bender-Abassi, petit port situé à l'entrée du golfe Persique, lui parut favorable à ce projet. Les Anglois s'associèrent à lui dans cette entreprise, & dès ce moment, Bender-Abassi qui n'avoit été jusqu'alors qu'un vil hameau de pêcheurs, devint une ville florissante.

La Perse sortit donc sous le gouvernement de ce monarque de l'état d'inaction où languiſſoit depuis long-tems cet empire. Mais bientôt ſes foibles ſucceſſeurs l'y replongèrent, & cette contrée ne fut plus gouvernée que par des deſpotes eſclaves de toutes les voluptés, juſqu'au règne de Thamas-Kouli-Kan.

Mais cet uſurpateur fameux fut moins un ſouverain célèbre qu'un de ces conquérans déſaſtreux, nés pour le malheur de l'humanité. Cependant il étendit les limites de l'empire Perſan, par la guerre qu'il porta ſur les terres du Grand-Mogol, dont il ſortit victorieux & comblé de richeſſes. Il ſe fit céder par l'Empereur des Indes dont il venoit d'ébranler le trône pluſieurs belles provinces contigues au royaume de Perse, & il les préféra sagement à des conquêtes plus vastes qu'il eût conservées difficilement. Après le triomphe complet qu'il venoit de remporter, il ne songea plus qu'à retourner en Perse. Il y arriva après une marche pénible, traversée par plusieurs obstacles que sa valeur & sa fortune surmontèrent. Thamas fut massacré en 1747 par Mahommed, gouverneur de Tawus, de concert avec le neveu du prince qu'il avoit détrôné.

Ainsi finit ce conquérant, aussi brave qu'Alexandre, aussi ambitieux, mais moins généreux & moins humain. Ses conquêtes ne furent marquées que par des ravages. Aucunes villes réparées ou bâties, aucun établiſſment utile ne firent excuſer ſes victoires, & chérir ſon nom. Thamas ne fut qu'un illuſtre ſcélérat.

Après ſa mort, la Perſe retomba bientôt dans l'engourdiſſement où elle eſt encore aujourd'hui, & dont elle ne ſortira point probablement, tant que les obſtacles religieux & politiques, dont j'ai eu ſi ſouvent occaſion de vous parler dans le cours de cette relation, empêcheront les Perſans de faire valoir tous les avantages dont la nature les a pour ainſi dire accablés.

Je quitte ce beau climat pour
aller

PERSE. 277

aller honorer le tombeau du prophète des Musulmans.

*Fin du quatorzième Volume
des Voyages.*

TABLE

Pour les treizième & quatorzième Volumes des Voyages.

TOME XIII.

GOLKONDE.

LETTRE CLXVI. *Mines, Bézoards*, 1

LETTRE CLXVII. *Productions, climat, religion, mœurs & usages,* 27

ILES MALDIVES.

LETTRE CLXVIII. *Description, climat, île de Malé, religion, éducation des enfans, gouvernement, mœurs & usages, sciences & arts,* 41

TARTARIE.

LETTRE CLXIX. *Idée générale de la Tartarie, description de la* terre des Kalmouks & particuliérement du Tibet, 74

Lettre CLXX. *Religion des Tartares Kalmouks, Grand-Lama,* 84

Lettre CLXXI. *Gouvernement, art militaire, mœurs & usages des Kalmouks,* 96

Lettre CLXXII. *Tartares Usbeks, description du royaume de Karasm,* 114

Lettre CLXXIII. *Description de la grande Bukkarie, du pays de Samarkand, & de la province de Balk; mœurs & usages des Usbeks,* 119

Lettre CLXXIV. *Idée succincte du Turquestan & de la petite Bukkarie. Mœurs & usages des Bukkariens,* 131

Lettre CLXXV. *Division de la Tartarie Chinoise; description du pays des Mancheous; plante du gins-eng,* 141

Lettre CLXXVI. *Religion, gouvernement, commerce des Mancheous,* 155

Q ij

Lettre CLXXVII. *Description géographique du pays des Mogols en général & des Kalkas en particulier ; religion & gouvernement de ces peuples*, 160

Lettre CLXXVIII. *Usages des Mogols, leurs exercices ; histoire naturelle ; état actuel de la Tartarie*, 167

SIBÉRIE.

Lettre CLXXIX. *Idée géographique de la Sibérie. Description particulière du Kamschatka ; revolution qui soumit ce pays aux Russes*, 180

Lettre CLXXX. *Religion des Kamschadales, magiciennes du Kamschatka*, 187

Lettre CLXXXI. *Mœurs & usages des Kamschadales ; effets du Mucho-more ; maladies du Kamschatka*, 194

Lettre CLXXXII. *Animaux du Kamschatka ; intelligence de l'ours marin ; végétaux du Kamschatka ; volcans & phénomènes de ce pays*, 212

LETTRE CLXXXIII. *Description de Tobolsk capitale de la Sibérie ; mœurs de ses habitans ; carnaval de la Sibérie,* 233

LETTRE CLXXXIV. *Mine de Kathérinebourg ; fleuves considérables de la Sibérie ; lac salé de Jamuschewa, situation avantageuse de Tomsk, usages de ses habitans,* 245

LETTRE CLXXXV. *Pays des Ostiakes ; caractère de ses habitans, leurs mœurs & usages ; fidélité rare de ce peuple,* 254

LETTRE CLXXXVI. *Description de la Samojédie ; observations sur les Samojèdes, richesses de ces sauvages, industrie de leurs chasseurs,* 275

LETTRE CLXXXVII. *Pays des Tunguses ; religion, négromancie, sorciers,* 285

LETTRE CLXXXVIII. *Province de Jakutsk ; femmes Jakutes initiées dans l'art de la sorcellerie ; froid excessif de cette contrée, histoire naturelle de cette province,* 293

Lettre CLXXXIX. *Dépopulàtion de la Sibérie ; description de Nerzinsk ; lac Baikal ; ville d'Iikutsk ; fertilité de la province de Jeniséik ; paresse des peuples qui l'habitent. Histoire naturelle des diverses contrées de la Sibérie*, 303

TOME XIV.

PERSE.

Lettre CXC. *Division géographique de la Perse ; description particulière d'Ispahan, capitale de cet empire ; étendue & magnificence de cette ville*, 1

Lettre CXCI. *Tableau succinct des principales villes de Perse ; ruines de Persépolis ; climat malsain de Bender-Abassi*, 24

Lettre CXCII. *Ancienne religion des Persans ; doctrine religieuse & morale de ce fondateur ; extinction de son culte*, 42

Lettre CXCIII. *Introduction du Mahométisme en Perse ; vénération singulière des Persans pour*

TABLE. 283

Ali, gendre de Mahomet ; secte Immanique, 61

LETTRE CXCIV. *Coutumes religieuses prescrites par l'islamisme ; charité & hospitalité des Persans ; fêtes & pélérinages ; tolérance de ce peuple.* 75

LETTRE CXCV. *Gouvernement despotique de la Perse ; idée de sa politique ; grandes charges de ce royaume,* 88

LETTRE CXCVI. *Richesses du Roi de Perse ; splendeur de la cour Persanne ; troupes de cet empire,* 103

LETTRE CXCVII. *Jurisprudence des Persans, ecclésiastique, civile & criminelle,* 114

LETTRE CXCVIII. *Avantages corporels des Persans ; esprit & caractère de ce peuple ; luxe des habits en Perse, frugalité de ses habitans ; usage dangereux qu'ils font des boissons narcotiques,* 130

LETTRE CXCIX. *Usages des Persans à la naissance de leurs enfans ; mariages, pompes funèbres,* 147

LETTRE CC. *Vénération des Persans pour les sciences ; langues familières à ce peuple.* 165

LETTRE CCI. *Musique, spectacles & exercices des Persans ; divertissement du chatir ; fête du nouvel an ; peinture, architecture, &c.* 172

LETTRE CCII. *Auteurs Persans les plus estimés dans l'histoire, la poésie & les mathématiques,* 193

LETTRE CCIII. *Manufactures & commerce de la Perse,* 204

LETTRE CCIV. *Agriculture ; plantes & végétaux de la Perse,* 221

LETTRE CCV. *Description des métaux & des minéraux ; digression sur la pêche des perles enlevée aux Persans par les Arabes,* 238

LETTRE CCVI. *Règne animal de la Perse,* 247

LETTRE CCVII. *Principales révolutions de la Perse ; état actuel de cet empire,* 266

Fin de la Table.

www.ingramcontent.com/pod-product-compliance
Lightning Source LLC
Chambersburg PA
CBHW050629170426
43200CB00008B/934